Heiko Haupt

mit Linda Bunckenburg und Thorsten Wiese

Franziskus

Heiko Haupt
mit Linda Bunckenburg und Thorsten Wiese

Franziskus

Der Papst der Armen

Bibliografische Information der Deutschen Nationalbibliothek:
Die Deutsche Nationalbibliothek verzeichnet diese Publikation in der Deutschen National-
bibliografie; detaillierte bibliografische Daten sind im Internet über http://d-nb.de
abrufbar.

Für Fragen und Anregungen:
papstbiografie@riva-verlag.de

1. Auflage 2013

© 2013 by riva Verlag, ein Imprint der Münchner Verlagsgruppe GmbH,
Nymphenburger Straße 86
D-80636 München
Tel.: 089 651285-0
Fax: 089 652096

Redaktion: Antje Steinhäuser, München
Umschlaggestaltung: Pamela Günther, München
Umschlagabbildung: ullstein bild - Reuters / Alessandro Bianchi
Satz: Grafikstudio Foerster, Belgern
Druck: GGP Media GmbH, Pößneck
Printed in Germany

ISBN Print 978-3-86883-327-0
ISBN E-Book (PDF) 978-3-86413-400-5
ISBN E-Book (EPUB, Mobi) 978-3-86413-401-2

Weitere Informationen zum Verlag finden Sie unter

www.rivaverlag.de

Beachten Sie auch unsere weiteren Verlage unter
www.muenchner-verlagsgruppe.de

INHALTSVERZEICHNIS

VORWORT

»Buona sera!«

Als der frisch gewählte Papst Franziskus am 13. März um 20 Uhr 22 auf die Mittelloggia des Petersdoms hinaustrat, begrüßte er die 200 000 wartenden Gläubigen mit einem schlichten »Guten Abend«. Zwei Worte, die mehr aussagten als jede Rede voller Pathos. Denn sie machten in diesem Augenblick allen deutlich, dass sich etwas verändert hatte. Da oben stand ein Mensch, kein unnahbarer Vertreter Gottes auf Erden. Der neue Papst präsentierte sich als bodenständiger und bescheidener Mann. Gekleidet in eine schlichte, weiße Soutane ohne pelzbesetzten Umhang sprach er zu der jubelnden Menge, als wäre er einer von ihnen.

Es waren diese ersten Minuten, die den gebürtigen Argentinier, der mit bürgerlichem Namen Jorge Mario Bergoglio heißt, zum Hoffnungsträger machten.

Die Wahl des 266. Papstes war eine Sensation – auch ohne seinen bewegenden ersten Auftritt. Einen wie Bergoglio hat es in der langen Reihe der Oberhäupter der römisch-katholischen Kirche noch nicht gegeben. Er trat an als Außenseiter, niemand rechnete mit ihm, und dann wurde er das erste Kirchenoberhaupt aus Südamerika – der erste Papst seit 1272 Jahren, der nicht aus Europa kommt. Außerdem ist er der erste Pontifex aus dem Jesuitenorden und der erste, der den Namen Franziskus wählte: Franziskus, das ist Franz von Assisi (1182–1226), Bettelmönch und Gründer des Franziskanerordens – Sinnbild für Bescheidenheit und ein selbst gewähltes Leben in völliger Armut.

Mittlerweile ist der Zauber des ersten Augenblicks verflogen, zentrale Fragen drängen ins Bewusstsein der Öffentlichkeit und der Beweis, dass die Hoffnungen in das Oberhaupt von 1,2 Milliarden Menschen berechtigt sind, steht noch aus. Ist er der Anwalt der Armen, wie die Menschen in seiner Heimat ihn nennen? Hat er die Kraft, die zahllosen kircheninternen Probleme zu lösen? Kann er notwendige Reformen anstoßen und die Kirche den Menschen auch in der modernen westlichen Welt wieder näher bringen?

Zahllose Fakten und Gerüchte wurden seit dem Ende des Konklaves in Rom über Jorge Mario Bergoglio verbreitet. Vieles davon bestätigt das Bild des volksnahen Geistlichen, manches wirft Fragen auf.

Seine Bescheidenheit, das gilt als sicher, ist nicht aufgesetzt. Als der Papst noch Erzbischof von Buenos Aires war, residierte er nicht in dem prunkvollen Amtssitz, sondern lebte in einem schlichten Appartement. Ein Würdenträger, der selbst im Supermarkt einkauft, der gerne kocht, einer, der sich nicht in der Limousine chauffieren lässt, stattdessen lieber Bus und U-Bahn nutzt. Bergoglio predigte Nächstenliebe nicht in der Theorie, sondern lebte sie in der Praxis. Er ging hinaus in die Armenviertel und war sich nicht zu schade, Kranken die Füße zu waschen.

Große Reden dagegen waren nie seine Sache. Wenn er aber etwas sagte, dann erregten seine Worte immer wieder große Aufmerksamkeit. Bergoglio machte offen auf Missstände in seiner Heimat aufmerksam, sprach über Korruption, soziale Ungerechtigkeit, Drogen, Menschenhandel und das Elend der Armen. In der Politik machte er sich damit nicht nur Freunde.

Das Amt des Papstes schien er nie wirklich anzustreben. Bergoglio galt als Mann, der sich in der zweiten Reihe wohlfühlt. Das zeigte sich auch im Jahr 2005, als er neben Joseph Ratzinger zum Kreis der Kandidaten gehörte. Damals verzichtete er zugunsten des späteren Benedikt XVI., obwohl ein Drittel der Kardinäle im dritten Wahlgang für ihn stimmten und so jede andere Wahl blockieren konnten. Jorge Mario Bergoglio trat wieder zurück in die zweite Reihe und ebnete so den Weg für Ratzinger.

Bescheidenheit und Zurückhaltung rufen aber auch Kritiker auf den Plan. Sie stellen die Frage, ob so ein Mann sich im komplexen Machtgefüge des Vatikans wirklich durchsetzen und genügend Verbündete um sich scharen kann. Andere sprachen schon am Tag nach der Wahl von einem Übergangspapst – seinen Abschied als Erzbischof musste er im Alter von 75 Jahren gemäß Kirchengesetz schon im vergangenen Jahr anbieten.

Anlass zu Spekulationen gibt auch der Gesundheitszustand des Papstes. Seit frühester Jugend leidet er unter Atemwegs- und Lungenproblemen, von einer ernstlichen Erkrankung vor wenigen Jahren war die Rede.

Und dann sind da noch die dunklen Aspekte aus der Vergangenheit. In den Jahren 1976 bis 1983 herrschte in Argentinien eine Militärdiktatur, eine Junta aus Generälen regierte das Land, Opposition wurde nicht geduldet. Wer das Regime kritisierte, riskierte sein Leben. Mehr als 30 000 Oppositionelle wurden entführt, gefoltert und getötet. Über die Rolle Bergoglios in dieser Zeit kursieren unterschiedliche Aussagen. Die vermeintliche Nähe des neuen Papstes zur Militärjunta wird kritisiert, es gab sogar eine Anzeige, wegen möglicher Verwicklungen in das Verschwinden eines Jesuiten. Er habe sich nicht entschlossen genug vor seine Glaubensbrüder gestellt, wird der Papst kritisiert. Bei diesen Vorwürfen handele es sich um nichts weiter als Verleumdungen, sagen seine Anhänger.

Hoffnungsträger oder Übergangspapst, bescheidener Diener Gottes oder ein Mann, der vor der Macht des Militärs einknickte – wer sich ein Bild von dem Papst Franziskus und dem Mann Jorge Mario Bergoglio machen will, muss sein Leben kennen.

Teil 1: Der Mensch

Die Auswanderung des Vaters

Der 17. Dezember 1936 war ein warmer Tag. Keineswegs ungewöhnlich für einen Dezembertag in der argentinischen Hauptstadt Buenos Aires. Während in Europa kurz vor Weihnachten Temperaturen um den Nullpunkt üblich sind, ist dort Sommer. Im Schnitt herrschen tagsüber 22 Grad.

An jenem Dienstag sollte Jose Mario Bergoglio Vater werden. Er war erst wenige Jahre zuvor von seiner italienischen Heimat nach Argentinien ausgewandert. 1929 hatte er, gerade 24 Jahre alt, in Genua ein Schiff bestiegen, das ihn nach Puerto de La Plata brachte – mit an Bord waren seine Eltern. Mutter Rosa verwahrte während der langen Überfahrt das mühsam zusammengesparte Startkapital für den Neubeginn in einem fremden Land in ihrem Fuchspelzkragen.

Die Familie stammt aus Bricco Marmorito in den Hügeln nördlich von Asti im Piemont. Dort wohnten Giovanni Angelo Bergoglio und Rosa Bergoglio mit ihren sechs Kindern. Für das Familieneinkommen sorgte ein Süßwarenladen, den sie in der nahen 2000-Seelen-Gemeinde Portacomaro betrieben. Noch heute tragen dort viele Familien den Nachnamen Bergoglio.

Es war ein bescheidenes Leben, das die Familie führte, aber sie kam zurecht, während ein Großteil der Landbevölkerung im nördlichen Italien damals in bitterer Armut lebte. Zahllose Menschen sparten das wenige Geld, das sie verdienten, bis sie sich ein Ticket für die Überfahrt leisten konnten, und wanderten aus. 25 Millionen Menschen verließen von der Mitte des 19. bis zur Mitte des 20. Jahrhunderts ihre italienische Heimat und suchten ihr Glück in Ländern wie Argentinien.

Dass die Bergoglios erst 1929 das Land verlassen konnten, war Glück im Unglück. Sie hatten es nämlich schon einmal versucht. Zwei Jahre zuvor waren bereits die Koffer gepackt, doch die notwendigen Papiere trafen zu spät ein. So verpasste die Familie den Dampfer, der sie nach Südamerika hatte bringen sollen. Hätten sie ihn erreicht, wäre der Papst womöglich nie geboren worden: Das für die Überfahrt gebuchte Passagierschiff »Principessa Mafalda« sank am 27. Oktober 1927 vor der brasilianischen Küste, 314 der 1252 Menschen an Bord kamen ums Leben. Der Untergang ging als eine der größten zivilen Schifffahrtskatastrophen zwischen den Weltkriegen in die Geschichtsbücher ein. Die »Principessa Mafalda« gilt seitdem auch als italienische »Titanic«.

Vermutlich dachten die Bergoglios 1929 gar nicht mehr an dieses Unglück: Sie hatten andere Sorgen. In Italien verschlechterte sich die Situation zusehends. Die Weltwirtschaftskrise breitete sich aus, überall schlossen Unternehmen, massive Arbeitslosigkeit war die Folge, es herrschte das Elend. Der junge Jose Mario Bergoglio war in der Zwischenzeit in die piemontesische Hauptstadt Turin gezogen und fand eine Anstellung als Bahnarbeiter. Es war aber nicht nur der Wunsch nach einer besseren Zukunft, die ihn und seine Eltern weiterhin umtrieb. Die Brüder von Rosa Bergoglio waren bereits 1922 nach Argentinien ausgewandert und hatten eine Baufirma gegründet, und in deren Nähe wollten die Bergoglios leben.

Beim zweiten Anlauf verlief tatsächlich alles reibungslos. Jose Mario Bergoglio fand in der argentinischen Hauptstadt Buenos Aires eine Anstellung bei der Staatsbahn und verdiente sein Geld als Bahnarbeiter.

Und bald schon lernte er eine junge Frau kennen. Er traf sie 1934 bei einer Messe im Stadtteil Almagro. Regina Maria Sivori stammte ebenfalls aus einer italienischen Familie: Ihre Mutter kam wie Bergoglio aus dem Piemont, der Vater war zwar Argentinier, seine Wurzeln lagen jedoch in Genua. Als die beiden im Dezember 1935 heirateten, war Regina Maria Sivori gerade 20 Jahre alt und damit 10 Jahre jünger als ihr Ehemann. Ein Jahr später brachte sie einen Sohn zu Welt: Jorge Mario Bergoglio wurde am 17. Dezember 1936 in Buenos Aires geboren.

KINDHEIT IN ARGENTINIEN

Mario und Regina Bergoglio hatten ihr Glück gefunden. Nach Jorge Mario folgten vier weitere Kinder: Die Brüder Alberto Horacio und Oscar Adrian sowie die Schwestern Marta Regina und Maria Elena, die elf Jahre nach ihrem ältesten Bruder zur Welt kam.

Die Familie lebte im Stadtteil Flores in Buenos Aires. Kein Armenviertel, wie oft behauptet, sondern ein Quartier für Menschen, die ihr Geld als Arbeiter oder Handwerker verdienten. Mitten durch Flores führt die insgesamt 35 Kilometer lange Avenida Rivadavia, eine der Hauptdurchgangsstraßen von Buenos Aires, die das Stadtzentrum San Nicolás im Osten mit dem Ort Melo westlich der Metropole verbindet.

Der Wohnort war nahe dem Arbeitsplatz des Vaters: Denn den Mittelpunkt des Stadtteils bildet der Bahnhof von Flores. Für die Bergoglios war zudem noch ein anderer Umstand wichtig. In Flores steht auch eine große Kirche, die 1883 eingeweihte Basílica de San José de Flores.

Der Glaube spielte im Hause Bergoglio schon immer eine große Rolle: »Die ganze Familie Bergoglio war sehr katholisch. Und seine Eltern haben sich sogar bei einer Tätigkeit in der Kirche kennengelernt«, schildert Bergoglios Biografin Francesca Ambrogetti. Sie verfasste gemeinsam mit Sergio Rubio die offizielle Biografie Bergoglios, die 2010 unter dem Titel *El Jesuita* im

Verlag Vergera in Buenos Aires erschienen ist. Vor allem Mutter Regina galt als sehr fromm und hat ihrem Sohn viel über die Kirche und das Christentum beigebracht. Die Familie ging jeden Sonntag zur Messe in der Kirche des Stadtteils. Was nicht ungewöhnlich war: Argentinien ist auch ein tief katholisches Land. Noch heute liegt der Anteil der Katholiken bei 90 Prozent.

Auch wenn die Bergoglios fern der Heimat lebten, so doch in einem Umfeld, das sich nicht fremd anfühlte. Denn Argentinien repräsentiert zwar viele Kulturen – vor allem aber die italienische. 90 Prozent der argentinischen Bevölkerung sind europäischer Abstammung, den größten Anteil machen mit mehr als 35 Prozent die Italiener aus. In keinem Land – außer Italien – leben so viele Italiener wie in Argentinien.

Die meisten der Auswanderer zogen direkt in die Hauptstadt Buenos Aires am Rio de la Plata. Heute lebt ein Drittel der gesamten argentinischen Bevölkerung in diesem Ballungsraum. Verglichen mit den derzeit etwa 13 Millionen Bewohnern ging es im Buenos Aires des frühen 20. Jahrhunderts mit rund einer Million Menschen noch vergleichsweise beschaulich zu.

Der Einwandereranteil war damals so groß, dass mehr als 40 Prozent der Stadtbewohner sich nicht in der spanischen Landessprache unterhielten, sondern in Cocoliche. Diese Mischsprache war durch die erste Generation italienischer Einwanderer entstanden, die ohne jede Fremdsprachenkenntnisse mit den spanisch sprechenden Einheimischen kommunizieren mussten. Also kombinierten sie italienische und spanische Begriffe, sprachen aber beide italienisch aus. Im Laufe der Jahre lernten die Einwanderer die Landessprache immer besser, sodass die Bedeutung von Cocoliche zurückging.

Der junge Jorge Mario Bergoglio gehörte zu einer Generation, die die Sprachen nicht mehr nur mischte, sondern beide erlernte. Er spricht daher fließend Italienisch ebenso wie Spanisch, sog die argentinische ebenso wie italienische Kultur in sich auf. Bis heute ist er außerdem im Besitz beider Staatsbürgerschaften. Wer in diesen Tagen Flores auf der Suche nach den Wurzeln des Papstes besucht, erlebt nicht mehr das Viertel der Einwandererzeit. Flores ist zu einem Stadtteil mit zwei Gesichtern geworden. Da ist einmal das Flores der Mittelschicht, ein geschäftiges Viertel mit zahllosen Läden entlang der Avenida Rivadavia. Neben ihrer Arbeit und ihrem geregelten Alltag sind die Menschen hier Fußballfans, sie verehren die Jungfrau Maria und auch Evita Perón, die 1952 im Alter von nur 33 Jahren verstorbene Präsidentengattin, die bis heute als Wohltäterin der Nation gilt.

Daneben jedoch existiert jenes Flores, das für Obdachlosigkeit und Drogenkriminalität steht. Vor allem der südliche Bereich des Stadtteils mit der Siedlung »Villa 1-11-14« gilt als Schandfleck der ganzen Stadt, beherrscht von Gewalt und Drogenkriminalität. Es ist Ziel der Armutsflüchtlinge des neuen Jahrtausends: Hierher zieht es diejenigen, die aus den ärmeren Landesteilen und den Nachbarteilen auf der Suche nach einer besseren Zukunft nach Buenos Aires kommen.

Jorge Mario Bergoglio wuchs nicht in dieser Gegend auf. Sein Elterhaus stand in der Straße Membrillar, weit nördlich der Avenida Rivadavia. Dort steht es auch heute noch, allerdings deutlich verändert. Die Calle Membrillar ist eine der »besseren« Straßen. Hier wohnt man in adretten, zweistöckigen Wohnhäusern, viele davon in den Dreißigerjahren erbaut. Die Bergoglios lebten in Nummer 531. Das einst einstöckige Haus ist seit damals grundlegend modernisiert worden, bekam ein Obergeschoss mit einem gewaltigen Balkon, der sich wie ein Vordach über die gesamte braun gestrichene Front zieht.

Auch nach all den Jahren ist der neue oberste Hirte in der Gegend gut bekannt. Viele erinnern sich an ihn aus Kindheitstagen. Eine 90-jährige Nonne im Stadtteil weiß noch, dass er jeden Sonntag Fußball an der nahe gelegenen Kirchenschule gespielt hat, wo er auch in den Kindergarten ging und seine Erstkommunion empfing. Und sein Engagement für die Gemeinschaft brachte er später auch am Colegio Máximo ein: Wenn an Sonntagen kein Koch da war, übernahm Jorge Mario die Aufgabe. Auf die Frage, ob er gut koche, antwortete er, es sei immerhin noch keiner dran gestorben.

Jorge Mario, der Erstgeborene, hatte immer ein enges Verhältnis zu seiner Familie, sagen Verwandte – doch verbieten ihm wohl seine Demut, Bescheidenheit und Reserviertheit, öffentlich viele Worte über sie zu verlieren. Seine Biografin erinnert sich: »Er sprach viel von seiner Großmutter Rosa Bergoglio.« Sie schien sein Bindeglied in die Vergangenheit zu sein, zu seiner Herkunft und Abstammung – und zu seiner Berufung im Leben: »Sie hat ihm die Bräuche seiner Heimat vermittelt und nahe gebracht. Er hing sehr an ihr und er verband sie sehr stark mit seiner Berufung zum Priesteramt.« Die Großmutter war nach der Geburt des zweiten Sohnes oft bei der Familie und half der Mutter. Sie sprach noch immer den piemontesischen Dialekt, den auch der junge Jorge Mario von ihr lernte.

Doch auch seiner Heimat Argentinien ist Bergoglio fest verbunden. »Er liebt Buenos Aires, und er hat es immer genossen, in Buenos Aires zu sein«, sagt seine Schwester Maria Elena Bergoglio. Sie lebt wie Franziskus weiter in Buenos Aires, in Ituzaingó, einem Vorort der argentinischen Hauptstadt. Maria Elena ist neben dem Papst das einzige noch lebende Kind der Familie. Alberto Horacio, Oscar Adrian und Marta Regina sind verstorben.

Wie seine Biografin Ambrogetti schreibt, hatte Bergoglio eine ganz normale Kindheit und Jugend. Er hatte schon als Junge ein ausgeprägtes Interesse für Wissenschaft und Technik. Und wie es sich für einen kleinen Jungen in Argentinien gehört, war er ein großer Fußballfan und spielte regelmäßig mit seinen Freunden. Der neue Papst selbst erwähnte vor einigen Jahren, dass er als Neunjähriger im Jahr 1946 kein Spiel der Mannschaft San Lorenzo de Almagro verpasste, die in der damaligen Saison ihren dritten Meistertitel gewann.

Franziskus sei, so eine Nonne an seiner damaligen Schule, ein richtiger kleiner Racker gewesen. »Er war ein kleiner Teufel, wie jeder Junge«, habe seine erste Lehrerin, Schwester Rosa, immer gesagt. Das weiß Schwester Martha Rabino, die heutige Leiterin der Schule, noch genau. Mit Schwester Rosa hat Bergoglio regelmäßig Erinnerungen ausgetauscht, denn bis zu ihrem Tod im Alter von 101 Jahren im vergangenen Jahr besuchte er sie regelmäßig, um mit ihr Tee zu trinken. Dabei habe er sie stets aufs Neue gefragt, wie er als Kind war. Schwester Rosa habe immer geantwortet: »Du warst ein Teufel.« Aber nicht ohne die Frage zu stellen: »Hast du dich gebessert?«, woraufhin Bergoglio schallend gelacht habe. Schwester Rosa habe sich zudem an die ungewöhnlichen Arbeitsmethoden des Jungen erinnert: »Ich weiß noch, wie du deine Multiplikationstabelle auf den Treppen gelernt hast und die Stufen hochgehüpft bist, immer zwei auf einmal, zwei, vier, sechs. Du warst unermüdlich.« Besonders wichtig war ihm auch seine einstige Katechismus-Lehrerin, Schwester Dolores, nach deren Tod er sehr getrauert hat.

Doch lehrende Nonnen waren nicht die einzigen prägenden Frauen im Leben des späteren Erzbischofs von Buenos Aires. Wenige Tage nach der Papstwahl in Rom meldete sich eine lebhafte, zierliche Frau mit weißen Haaren und einer großen Brille zu Wort. Amalia Damonte wuchs im gleichen Stadtviertel auf – nur wenige Häuser entfernt von den Bergoglios. Sie erzählte eine Anekdote, deren Ende die ganze Welt nun kennt: »Als wir zwölf waren, schrieb er mir einen Brief«, sagte die heute 76-jährige, die immer noch in Flores lebt. »Er schrieb«, und mit ihrer Hand vollzog sie jeden Tintenstrich in der Luft nach, »dass er mir ein Haus bauen und mich heiraten werde.« Der junge Jorge habe dazu ein weißes Haus mit einem roten Dach gezeichnet. »Aber leider fand meine Mutter den Brief und sagte: Aha, er schickt dir also Briefe.« Ihre Eltern seien schockiert gewesen und hätten sie fortan von dem Jungen ferngehalten, berichtete Amalia. Ihre Mutter habe den Brief zerrissen. Fast möchte man meinen, Bergoglios Weg sei damals schon vorgezeichnet gewesen. Er sagte zu Amalia Damonte: »Wenn ich dich nicht heirate, werde ich Priester.« Und zehn Jahre, nachdem er den Brief verfasst hatte, war er im Priesterseminar.

Als der junge Bergoglio den Brief schrieb, war sein Alltag aber schon nicht mehr so normal, wie es die Beschreibungen glauben lassen. Ein Jahr zuvor brachte seine Mutter ihr fünftes und letztes Kind zur Welt, Maria Elena. Doch diese Geburt verlief nicht so unproblematisch wie die vorherigen, es kam zu gravierenden Komplikationen: Zwar war das Baby gesund, doch die Mutter blieb zunächst gelähmt. Der Papst erzählte seiner Biografin davon. »Obwohl sie sich später erholte, war es diese Zeit, in der wir selbst kochen mussten. In dieser Zeit kamen wir von der Schule und fanden sie am Tisch sitzend beim Kartoffelschälen. Und mit allen anderen vorbereiteten Zutaten. Dann sagte sie uns, wie wir sie vermischen und kochen mussten. Denn wir hatten ja keine Ahnung davon: ‚Also, tut das und jenes in den Topf und das in die Pfanne‘, erklärte sie uns. So lernten wir zu kochen. Alle konnten zumindest Milanesas machen.«

Milanesas sind so etwas wie die Wiener Schnitzel Südamerikas. Dünn geschnittenes Rindfleisch, dick paniert und in Öl gebraten.

Nachdem diese schwierige Zeit überstanden war und der Zustand der Mutter sich besserte, gab es möglicherweise weitere amouröse Verbindungen im Leben des Jorge Mario Bergoglio, die über eine Kindheitsschwärmerei hinausgingen. Wie die Biografin Francesca Ambrogetti berichtet, hatte er sogar eine Verlobte, bevor er mit etwa 20 Jahren zu seiner religiösen Berufung fand. Franziskus selbst sprach vor einigen Jahren davon, dass er eine Freundin hatte, mit der er liebend gerne Tango tanzte.

Ohnehin zog es das neue Oberhaupt der katholischen Kirche nicht direkt zur Theologie. Die Nähe zum katholischen Glauben war für Jorge Mario Bergoglio zwar selbstverständlich. Trotzdem sah es zunächst nicht danach aus, als würde der Junge eine Karriere unter dem Dach der Kirche anstreben. Vielmehr besuchte er eine technische Schule, die Escuela Nacional de Educación Técnica No. 27 Hipólito Yrigoyen, und absolvierte eine Ausbildung als Chemietechniker, die er mit einem Diplom abschloss. Ein Beruf also, dessen Grundlagen nichts mit dem Glauben zu tun haben: Hier standen Naturwissenschaften und Mathematik im Vordergrund. Lange allerdings hielt es Bergoglio nicht in seinem erlernten Beruf.

Denn es geschah etwas, das Bergoglio seiner eigentlichen Berufung näherbrachte. Im Beichtstuhl der Basilika San José in Flores soll er ein Eingebungserlebnis gehabt haben. »Mit 17 Jahren hatte er die göttliche Offenbarung, in den Orden einzutreten«, berichtet Pater Gabriel, der Pfarrer der Kirche. Damals, am »Dia del estudiante«, an dem Schüler unterrichtsfrei haben und des Präsidenten Domingo Faustino Sarmiento gedenken, der Ende des 19. Jahrhunderts Hunderte neuer Schulen errichten ließ und damit Zigtausenden von Schülern eine Bildung ermöglichte, ging Jorge Mario als Erstes in seine Gemeinde, um die Beichte abzulegen. Er traf dabei auf einen ihm bis dahin unbekannten Priester, und während der Beichte verspürte er laut der Biografie *El Jesuita* eine bislang ungekannte Spiritualität und starke religiöse Erfahrung, die ihn sicher sein ließ, Gott habe nach ihm gesucht, habe ihn erwartet, und es sei seine Bestimmung, Priester zu werden. Bis heute verbindet ihn daher auch eine besondere Beziehung zu der Gemeinde. Viele Jahre habe er dort zu Ostern eine Messe abgehalten.

Die Offenbarung führte bei dem jungen Jorge zu einem Umdenken, einer Neuplanung seines Lebens. Doch bis sich Entscheidendes änderte, dauerte es noch einige Jahre. Dann allerdings war der Einschnitt dramatisch: Im Alter von 21 Jahren erlebte Bergoglio einen weiteren Schicksalsschlag. Er erkrankte so ernsthaft, dass ihn die Folgen für den Rest seines Lebens begleiten sollten.

Schon seit frühester Jugend soll er unter Atem- und Lungenproblemen gelitten haben. Doch in diesem Jahr traf es ihn so schwer, dass er drei Tage lang dem Tod näher als dem Leben war. »Was passiert mit mir?«, soll er voller Todesangst seine verzweifelte Mutter gefragt haben. Ärzte untersuchten den jungen Mann und diagnostizierten eine schwere Lungenentzündung, zudem wurden drei Zysten in dem lebenswichtigen Organ entdeckt.

Die Erkrankung war so dramatisch, dass eine Genesung auf herkömmlichem Weg nicht zu erwarten war. Stattdessen entschied man sich für einen schwerwiegenden Eingriff: Der Großteil des rechten Lungenflügels wurde operativ entfernt.

Die Zeit der Krankheit und der Rekonvaleszenz veränderte das Leben Jorge Mario Bergoglios vollkommen. Seit diesen Tagen vor nunmehr 55 Jahren ist sein Alltag von Disziplin geprägt. Seine gesunde Lebensführung ist auch ein wichtiger Grund dafür, dass er mit seinen gesundheitlichen Einschränkungen bis ins hohe Alter gut zurechtkommt. Vorher dagegen soll er ein starker Raucher gewesen sein, was zusammen mit den ohnehin vorhandenen Atemwegsproblemen als Auslöser der schweren Infektion genannt wird.

Doch die Krankheit veränderte nicht nur den Alltag des jungen Mannes. Sie war mitverantwortlich dafür, dass aus dem Chemietechniker ein Priester, ein Erzbischof und schließlich ein Papst wurde. In der schlimmsten Phase jener Tage, als es wenig Hoffnung auf ein Überleben gab, soll eine Nonne zu dem Patienten gesagt haben, dass er wie Jesus leidet und die Schmerzen erträgt.

Diese Aussage, seine unerwartete Genesung und zudem die göttliche Offenbarung im Beichtstuhl: All das führte – beinahe zwangsläufig, möchte man meinen – zu Bergoglios nächstem

Schritt. Er wollte Priester werden. Im Jahr 1958 trat er in den Jesuitenorden ein.

DIE JESUITEN

Die Jesuiten sind eine Ordensgemeinschaft mit einer fast 500-jährigen Geschichte. Gegründet wurde die Gemeinschaft im Jahr 1534 von Ignatius von Loyola. Der Baske hatte zunächst als Offizier Karriere gemacht, die jedoch durch eine Kriegsverwundung ihr Ende fand. Fortan widmete der Adelige sich der Religion, studierte in Paris und nannte sich selbst »Der Pilger«. Mit der Zeit sammelte er einige Verbündete um sich, die schließlich am 15. August 1534 auf dem Hügel Montmartre vor Paris gemeinsam ein Gelübde ablegten. Ursprünglich nannte man sich Societas Jesu, die Gesellschaft Jesu – daher stammt auch das Ordenskürzel SJ.

Das Hauptanliegen der Jesuiten war die innere Erneuerung der katholischen Kirche und ihrer Geistlichen. Dem dienen die geistlichen Übungen – 30-tägige Exerzitien in großer Stille zur Einübung in die Glaubensgeheimnisse.

Der Orden war immer umstritten wegen seiner papsttreuen Kritik an weltlichen Mächten und seiner politischen Aktivität etwa in den Kolonien. Bis heute tun sich Jesuiten und Protestanten schwer mit einer Annäherung und auch in der katholischen Kirche trafen die Jesuiten immer wieder auf Feinde. In der Vergangenheit war Jesuit sogar ein Schimpfwort für einen trickreichen, hinterlistigen Menschen – der Orden selbst gebrauchte die Bezeichnung »Jesuit« zunächst gar nicht.

Bei den Jesuiten gibt es kein gemeinsames Gebet, und im Unterschied zu anderen Orden verzichten die Jesuiten auf eine eigene Tracht. Die Oberen werden nicht gewählt, sondern von oben eingesetzt. Jesuiten verpflichten sich nicht nur zu Armut, Ehelosigkeit und Gehorsam, sondern legen außerdem ein besonderes Gehorsamsgelübde gegenüber dem Papst ab. Nicht zuletzt gilt der Jesuitenorden als besonders intellektuell. Der Nachwuchs wird nach strengsten Kriterien ausgewählt und als Scholastiker über Jahre hinweg so umfassend wie nirgends sonst theologisch und geistlich gebildet. Die Mitglieder des Ordens werden als intellektuelle Elite der katholischen Kirche angesehen. Die Jesuiten sind zwar streng hierarchisch organisiert, sie leben aber nicht in Klöstern, sondern in offenen Gemeinschaften und Kollegien. Zu den Aufgaben des Ordens gehören die Bildung und das Unterrichten, zum Beispiel an Hochschulen. Zudem fühlen sie sich der Missionierung, der Spiritualität und der Sorge um die Armen verpflichtet.

Im 17. und 18. Jahrhundert kursierten in Europa insbesondere unter Vertretern der Aufklärung jesuitenfeindliche Verschwörungstheorien. Den Jesuiten wurde zudem zur Last gelegt, sich bei politischen Fragen nicht angemessen zurückzuhalten. Im Jahr 1759 wurde der Orden in Portugal, wenig später auch in Frankreich und Spanien verboten. Schließlich fügte sich auch Papst Clemens XIV. dem Druck und löste den Orden am 21. August 1773 auf. Nur in Preußen und Russland wurde dies nicht anerkannt. Am 7. August 1814 ließ Papst Pius VII. den Orden wieder zu.

In der Gegenreformation bis ins 18. Jahrhundert hatten die Jesuiten durchaus einigen Einfluss und ihre Rolle ist nicht zu unterschätzen. In Gebieten, die protestantisch geworden waren, gründeten sie etliche Ordenshäuser. Viele Regenten jedoch fürchteten die Macht der Jesuiten, und der Orden wurde erneut von einigen Herrschern verboten. So wurden die Jesuiten ab 1872 etwa im Deutschen Reich als Reichsfeinde bezeichnet und verfolgt.

Innerhalb der Kirche stieß der Orden in den vergangenen Jahrzehnten immer wieder auf Widerstand, weil er eine offensivere politische Haltung favorisiert, um Armut besser bekämpfen zu können.

Was die inhaltliche Ausrichtung des Ordens angeht, so hat die Generalkongregation, die Versammlung von Repräsentanten aller Provinzen und Einrichtungen, die dem Generaloberen direkt unterstellt sind, 1995 zwei Arbeitsfelder als vorrangig festgelegt: Dienst am Glauben und Kampf für Gerechtigkeit, beides jedoch im Dialog mit anderen Kirchen, Religionsgemeinschaften und allen Menschen guten Willens und beides im Kontext der jeweiligen Kultur.

Die Jesuiten geben an, in ihren weltweit rund 90 Regionen heute 17 600 Mitglieder zu haben darunter etwa 12 500 Priester. Der Orden verzeichnet steigende Mitgliederzahlen in Asien und Afrika, stagnierende in Lateinamerika und einen Rückgang in Europa und Nordamerika. In Deutschland (Dänemark und Schweden werden hier mitgezählt) gibt es knapp 400 Ordensbrüder, in Österreich fast 80, in der Schweiz rund 65.

In Rom unterhalten die Jesuiten die Päpstliche Universität Gregoriana, in Deutschland zwei Hochschulen, eine nicht weit von Frankfurt am Main, wo der Papst 1985 für drei Monate studierte, und eine in München, zudem sind sie Träger von drei Gymnasien: in Berlin, St. Blasien und Bonn. Auch ein Neffe des Papstes, José Luis Bergoglio – Sohn seiner jüngsten Schwester Maria Elena –, ist ein jesuitischer Priester.

Das derzeit in der Welt bekannteste Mitglied des Ordens neben dem Papst dürfte der vatikanische Pressesprecher Federico Lombardi sein. Lombardi fasste das Selbstbild der Jesuiten am Tag nach der Wahl so zusammen: »Jesuiten sehen sich als Diener, nicht Autoritäten in der Kirche.« Vieles davon lässt sich auch am Leben und Wirken von Franziskus ablesen.

Zu den bekanntesten Jesuiten des 20. Jahrhunderts gehören der Konziltheologe Karl Rahner und Hugo Lassalle, der den Zen-Buddhismus mit der christlichen Mystik verbinden wollte.

So besonders und außergewöhnlich die Jesuiten auch sein mögen, für den Argentinier Bergoglio war der Eintritt in den Orden vermutlich nahe liegend. Denn in Südamerika und vor allem in Argentinien hat der Orden eine ganz eigene Geschichte und eine lange Tradition, und er ist tief in dem Land verwurzelt.

Die ersten Jesuiten trafen ein, als das Land noch jung war. 1502 entdeckte Amerigo Vespucci Argentinien, 1516 folgte mit dem Spanier Juan Diaz de Solís der erste Europäer – und schon 1588 trafen die ersten Jesuiten ein. Waren sie bis dahin Wanderprediger, verfolgten sie in Argentinien nun andere Ziele: Sie gründeten Siedlungen, in denen sie gemeinsam mit den indianischen Ureinwohnern lebten – die sogenannten Jesuitenreduktionen. Vor allem sollten diese Orte den Indios Schutz bieten und sie vor Zwangsarbeit und Sklaverei bewahren.

Die erste Jesuitenreduktion soll 1609 in Brasilien gegründet worden sein. 1620 folgt ein Schutzgebiet für den Stamm der Guaraní-Indianer am Flusslauf des Rio Paraná in Argentinien. Dort lebten die Padres gemeinsam mit Tausenden Ureinwohner. Sie lernten die Sprache der Indianer, brachten diesen ihrerseits das Schreiben und das Lesen bei. Land und Wohnraum wurden zu gleichen Teilen an die Bewohner verteilt, es gab sogar Krankenhäuser und eine Betreuung der Alten. Mitte des 18. Jahrhunderts lebten rund 100 000 Ureinwohner in derartigen Siedlungen.

Das fortschrittliche Modell hatte nur einen Haken: Die Jesuiten allein leiteten die Reduktionen, und zwar ohne Beteiligung der Indianer. Als die Jesuiten im Jahr 1767 wegen »verschwörerischer Umtriebe« des Landes verwiesen wurden, konnten die Bewohner ihre führungslose Heimat nicht allein verwalten. Die Reduktionen verschwanden. Doch die Jesuiten kehrten zurück nach Argentinien.

LEHRJAHRE EINES GEISTLICHEN

Als Jorge Mario Bergoglio dem Jesuitenorden beitrat, war er ein einfacher Novize. Wie bei jedem neuen Ordensbruder lagen nun zwei Jahre Probezeit vor ihm. In dieser Zeit sollen die Novizen den Orden und auch sich selbst besser kennenlernen und sich auf die endgültige Entscheidung zum Eintritt vorbereiten. Es ist also eine Zeit der Prüfung, ob der Novize sich wirklich für sein ganzes Leben an den Orden binden will. Diese Prüfung wiederum hat zwei Seiten: Denn nicht nur der Novize überdenkt seine Entscheidung – der Orden prüft gleichzeitig, ob der Neuzugang geeignet ist.

Ergänzt wird das Noviziat durch die von Ordensgründer Ignatius von Loyola eingeführten fünf Experimente. Dabei handelt sich um fünf Stationen, die sich im weitesten Sinne mit einem Praktikum vergleichen lassen. Nach einem guten Vierteljahr im Orden muss der Novize zunächst das Pflegeexperiment absolvieren: Dazu arbeitet er in einem Pflegeheim oder Krankenhaus, soll auf diese Weise Leid und Tod kennenlernen.

Das zweite Experiment, vor dem auch Bergoglio stand, gilt als Höhepunkt des Noviziats: die 30-tägigen Exerzitien. Dabei handelt es sich um eine Zeit geistlicher und geistiger Übungen, in der ein junger Jesuit sich noch stärker als ohnehin schon dem Gebet und der Besinnung widmet. Das Wort Exerzitien geht ebenfalls auf den Ordensgründer zurück, der von »Ejercicios espirituales« sprach, der Bezeichnung für geistliche Übungen im Spanischen.

Ist das geschafft, folgt Experiment drei: Dabei geht es um das genaue Gegenteil der inneren Einkehr. Der Novize soll einen Monat lang mit Menschen leben und arbeiten, die sich am Rande der Gesellschaft befinden. Als Alternative kann eine einmonatige Pilgerreise gewählt werden. Auf dieser Reise lebt der Novize dann ebenfalls wie ein Mittelloser – er startet ohne Geld, reist als Bettler. Ist das geschafft, steht im zweiten Jahr des Noviziats das vierte Experiment an: Nun Jesuit auf Probe, muss sich der Novize zwei Monate lang als Seelsorger in einer Einrichtung des Ordens beweisen.

Das letzte Experiment schließlich dient der Bildung: Ein einsemestriger Studienaufenthalt ist zu absolvieren, vor allem ein Einblick in das Studium der Philosophie ist das Ziel.

Jorge Mario Bergoglio schrieb sich nicht nur für Philosophie ein, sondern nebenher auch für Psychologie und Literatur. Und er studierte nicht nur in seiner Heimat Argentinien, sondern auch in Chile.

DIE ZEIT IN CHILE

Bergoglios Heimat während seines Chile-Aufenthalts war ein dreistöckiges Gebäude mit 90 Zimmern in dem Ort Padre Hurtado am Rande der Hauptstadt Santiago.

Sicher keine zufällige Wahl: In Santiago selbst steht die Päpstliche Katholische Universität von Chile, die als eine der besten Universitäten des Landes gilt. Die Gemeinde Padre Hurtado hat zudem eine besondere Bedeutung für einen Jesuiten. Benannt wurde sie nach Luis Alberto Hurtado Cruchaga, einem Jesuitenpriester, der 2005 durch den Papst heiliggesprochen wurde – es war die erste Heiligsprechung in der Amtszeit Benedikt XVI.

Der 1901 geborene und 1952 verstorbene Padre Hurtado lehrte zu Lebzeiten unter anderem an der Päpstlichen Universität. Das allein machte ihn sicher nicht zum Heiligen. Aber Hurtado tat weit mehr: Ab 1944 sammelte er Geld für sein großes Ziel. Er wollte ein Heim für diejenigen schaffen, die kein Heim haben. Dem Projekt gab er den Namen El Hogar de Cristo, das Haus Christi. Schon ein Jahr nach dem Beginn der Sammlung war das erste Ziel erreicht: Eine Notunterkunft für Obdachlose konnte eröffnet werden. 1946 folgte ein weiteres größeres Gebäude an der einstigen Calle Chorrillos – auch diese Straße trägt heute den Namen des Heiligen. Überliefert ist, dass der Pater auch nach dieser Zeit weiter mit einem Kleinbus durch die Stadt fuhr, Bedürftige mit Kleidung und warmem Essen versorgte. Zusätzlich kümmerte sich El Hogar de Cristo um die Ausbildung von Heimkindern, ermöglichte ihnen das

Erlernen von Berufen und sogar den Universitätsbesuch. Nach dem Tode Hurtados wurde die gemeinnützige Arbeit fortgesetzt: El Hogar de Cristo gilt heute als die größte Wohltätigkeitsorganisation in Chile.

Für den jungen Gaststudenten Bergoglic bedeutete der Aufenthalt in dem Ort Padre Hurtado jedoch vor allem ein Leben unter strengen Regeln. Das Anwesen wirkte durchaus idyllisch; noch heute ist das Haus umgeben von Bäumen und Feldern. Eine ländliche Stille umfängt es, obwohl die Stadt eine starke Immobilienentwicklung erfahren hat. Als der jetzige Papst dort lebte, prägten Rasenflächen und Bäume das Areal – Bäume, die Äpfel, Birnen, Pflaumen und Walnüsse trugen. Doch die Idylle übertrug sich nicht auf das Leben der Studenten. Die standen jeden Tag im frühen Morgengrauen auf, danach nahmen sie schweigend ihr Frühstück zu sich. Der heutige Papst wohnte in einem Schlafzimmer im Nordflügel des Gebäudes. Dort gibt es kleine Räume, in denen neben den Betten nur einfache hölzerne Schreibtische standen, wie die chilenische Zeitung *La Tercera* berichtete. In jedem Schlafzimmer übernachteten zwei bis vier Seminaristen. Das einzige Schmuck-Objekt in den Zimmern war ein kleines Holzkreuz. Um Punkt 6 Uhr begann dann die Tagesroutine mit einer Messe in Latein und gregorianischen Gesängen. Erst nach zwölf Stunden waren abends um 18 Uhr alle Aufgaben absolviert. Allein die Mittags- und Abendessenzeit diente bei den Jesuiten der Erholung, doch es war vorgeschrieben, in Stille zu essen. Es gab auch keine gemeinsamen Innenhöfe und Klassenzimmer für Gespräche. Zum Baden gab es meist nur kaltes Wasser, bestenfalls ein oder zweimal die Woche warmes. Die Regel war zu schweigen. Die Stille wurde nur während der Pausen unterbrochen, wenn sie wie unter Gleichaltrigen sprechen konnten. Insgesamt war es ein fast klösterliches Leben, in dessen Mittelpunkt die Gebete standen. Immerhin: Es heißt, die argentinischen Studenten spielten oft Karten. Das also war die Atmosphäre, die in den späten Fünfzigerjahren das Haus der Gesellschaft Jesu in Padre Hurtado prägte.

Wie Bergoglio sich in dieser Umgebung schlug, darüber ist wenig bekannt. Ein Weggefährte aus jener Zeit beschreibt ihn als »entschlossen, lebhaft und etwas introvertiert«.

ZURÜCK IN BUENOS AIRES

Nach den humanistischen Studien in Chile kehrte Bergoglio nach Buenos Aires zurück. Das Noviziat hatte er nach zwei Jahren absolviert, sein Ausbildungsweg war damit jedoch noch lange nicht abgeschlossen. Ein Jesuit legt an diesem Punkt vielmehr nur sein erstes Gelübde ab, das auch das einfache Gelübde genannt wird. Mit diesem Gelübde bindet er sich für immer an den Orden, und er legt vor Gott das Versprechen der Armut, der Keuschheit und des Gehorsams ab. Es ist also eine verbindliche Entscheidung für das Ordensleben.

Zu der Ausbildung gehört in aller Regel noch ein dreijähriges Philosophie- und Theologiestudium. Jorge Mario Bergoglio erlangte im Jahr 1963 seinen Studienabschluss in Philosophie am Kollegium San José von San Miguel. Zwischen 1967 und 1970 studierte er dann am Kollegium San José an der Fakultät für Theologie und schloss das Studium erfolgreich ab.

Einen Höhepunkt im Leben Bergoglios stellte der 13. Dezember 1969 dar. An diesem Samstag wurde er von Ramón José Castellano, dem Erzbischof von Córdoba, zum Priester geweiht – vier Tage vor seinem 33. Geburtstag.

Nach der Priesterweihe absolvierte Bergoglio schließlich noch sein Terziat und damit die dritte und letzte Prüfungszeit bei den Jesuiten, bevor ein Priester in den Orden eingegliedert wird. Die Jesuiten bezeichnen dieses Terziat als eine halbjährige Auszeit. Was jedoch nicht mit Faulenzen gleichzusetzen ist. Für den eigentlich als Reisescheu geltenden Bergoglio begann vielmehr eine Zeit, die ihn in viele Länder führte, wie er seiner Biografin berichtete. Zuerst ging es 1970 nach Kolumbien. »Anschließend besuchte ich die Noviziate von Lateinamerika. In Mexiko sah ich zum ersten Mal ein Barrio Cerrado.« Der Begriff beschreibt ein eingezäuntes, abgeschlossenes und bewachtes Wohngebiet. So etwas gab es laut Bergoglio zur damaligen Zeit in Argentinien noch nicht. »Es bestürzte mich, wie sich eine Gruppe von Menschen vom Rest der Gesellschaft abgrenzte.« Am 4. September 1970 ging es weiter nach Europa. »Zuerst war ich in Madrid und später habe ich die Noviziate vom Rest Europas besucht.«

Dann endlich war es geschafft. Mit 36 Jahren legte er am 22. April 1973 die ewigen Gelübde ab. Dabei werden die Gelübde zu Armut, Keuschheit und Gehorsam wiederholt. Ordenspriester fügen noch ein viertes Gelübde hinzu, das sie zu besonderem Gehorsam gegenüber dem Papst verpflichtet.

Zu diesem Zeitpunkt hat ein Jesuit eine mindestens zehnjährige Ausbildung hinter sich, bei Bergoglio lag der Eintritt in den Jesuitenorden mittlerweile schon 15 Jahre zurück. Wie zum Ausgleich ging ab diesem Zeitpunkt alles umso schneller. Zunächst war er für die Ausbildung der Novizen zuständig. Doch schon am 31. Juli 1973, mit nur 37 Jahren, wurde er zum Provinzial für Argentinien gewählt. Für die folgenden sechs Jahre stand er als solcher dem Jesuitenorden in Argentinien vor. Zu diesem Zeitpunkt konnte er nicht ahnen, dass ihm bald die wohl schwerste Zeit seines Lebens bevorstehen sollte. Eine Zeit, die ihn bis heute verfolgt und die immer noch Fragen aufwirft.

Argentinien während der Diktatur

Der erste Auftritt des Papstes wurde begeistert aufgenommen. Doch der Applaus und die Jubelrufe waren kaum verklungen, als Gerüchte über dunkle Flecken auf der weißen Weste des Jorge Mario Bergoglio die Runde machten. Im Mittelpunkt stand dabei eines der schwärzesten Kapitel Argentiniens, die Zeit der Militärdiktatur. Die Vorwürfe gegen den Papst waren deutlich: Eine zu große Nähe zu den mit eiserner Faust regierenden Generälen wurde ihm vorgeworfen; er solle sich nicht vor seine Glaubensbrüder gestellt haben.

Die Vorwürfe wiegen deshalb so schwer, weil die Jahre der argentinischen Militärdiktatur eine besonders grausame und blutige Zeit waren. Die sogenannte Junta aus wechselnden Generälen begnügte sich nicht mit der absoluten Macht, über die sie von 1976 bis 1983 verfügte. Sie tat vielmehr alles, damit ihr niemand in die Quere kam. Für die Menschen im Land bedeutete das ständige Angst vor Verschleppung und Tod. Denn das rechtsgerichtete Regime erklärte der Opposition offen den Krieg. Mehr noch: Die Herrschenden nannten es selbst einen schmutzigen Krieg. Wer auch immer im Land kritische Worte fand, konnte sich seines Lebens nicht mehr sicher sein. Selbst wer den Mund hielt, konnte in Gefahr geraten. Wer als subversiv eingestuft wurde, als Regimegegner angesehen wurde oder den Machthabern schlicht missfiel, musste immer damit rechen, dass man ihn entführte, bestialisch folterte und schließlich ermordete. Erst nach dem Ende der Diktatur wurde das wahre Ausmaß des staatlich verordneten Terrors klar: 30 000 Menschen sollen der Junta zum Opfer gefallen sein und zählen zu den Desaparecidos, den Verschwundenen. Denn das ultranationalistische Regime unter Führung von Präsident Jorge Rafael Videla ging nicht nur mit aller Grausamkeit vor, es verwischte auch die Spuren des Terrors. Regimegegner wurden verfolgt und ausgespäht, dann häufig in Nacht- und Nebelaktionen verhaftet, bevor sie in den Geheimgefängnissen so lange gefoltert wurden, bis sie jedes Geheimnis ausplauderten. Dann erst wurden sie getötet und die Spuren verwischt. Unzählige Leichen wurden einfach verscharrt, andere verbrannt, bis nur noch Asche übrig blieb. Immer wieder wurden auch Opfer in Flugzeuge verladen und über dem Meer abgeworfen. Bis heute suchen Familienangehörige nach den Überresten Ermordeter.

Westlichen Regierungen wurde vorgeworfen, dass sie die Vorgänge in Argentinien stillschweigend billigten oder zumindest einfach in Kauf nahmen. Auch die katholische Kirche geriet in die Kritik. Sie soll sich nicht nur zu wenig für die Verfolgten eingesetzt haben, sie wurde sogar immer wieder der Kooperation mit der Militärjunta bezichtigt. Ein Vorwurf lautet, dass die leitenden Köpfe der Kirche sich nicht für das Verschwinden der Menschen interessierten. Noch schwerer wiegt jedoch die Anschuldigung, dass sie sogar Kirchenmitglieder an das Regime verraten haben. Das behaupten Menschenrechtsorganisationen und auch Priester.

Von einer schnellen Aufarbeitung der Geschehnisse konnte nach dem Ende der Militärdiktatur nicht die Rede sein. Es sollte mehr als 20 Jahren dauern, bis ein Priester für seine Verstrickungen in die Verbrechen büßen musste. Erst 2007 wurde der Polizeikaplan Christian von Wernich in La Plata zu lebenslanger Haft verurteilt. Die Richter sahen seine Beteiligung an 7 Morden, 31 Fällen von Folter sowie 42 Entführungen als erwiesen an und sprachen ihn schuldig.

Zur Ehrenrettung der argentinischen Kirche muss aber gesagt werden, dass es intern auch andere Strömungen gab. Zahlreiche Geistliche wollten nicht wegsehen, sie setzten sich unter Einsatz ihres eigenen Lebens für Regimegegner ein, boten Gefangenen und deren Angehörigen ihre Unterstützung an. Andere machten sich auf in die Elendsviertel, standen ein für die Rechte der Armen. Mindestens 20 Priester fanden dabei den Tod. Man brachte sie wegen ihres Einsatzes um.

Bekannt geworden ist vor allen der Fall des Bischofs von La Rioja, Enrique Angelelli. Er starb am 4. August 1976 unter ungeklärten Umständen bei einem Autounfall. Am selben Tag hatte er sich um die Aufklärung des Schicksals zweier ermordeter Priester bemüht, außerdem trug er selbst verfasste Papiere mit sich, in denen es um eine »Komplizenschaft« zwischen Diktatur und Bischöfen ging.

Sowohl die Stadt als auch die Kirche bezeichneten das Unglück zunächst als ganz normalen Verkehrsunfall. Ursache sei ein geplatzter Reifen gewesen. Erst später urteilte ein Gericht, dass der vermeintliche Unfall ein kaltblütig geplanter Mord war. Den Befehl habe Luciano Menéndez gegeben – ein General an der Spitze der Militärjunta.

Es gab sie also, die mutigen Männer in der argentinischen Kirche. Und genau das ist der Punkt, an dem die Vorwürfe gegen Papst Franziskus ansetzen. Im Mittelpunkt gibt es zwei Anschuldigungen: Jorge Mario Bergoglio habe mit dem Regime kollaboriert und zwei Jesuitenpater nicht geschützt, außerdem sollen ihm Fälle von Babyraub bekannt gewesen sein. Ein weiterer Vorwurf lautet, dass er seine Glaubensbrüder in den ersten Jahren der Militärdiktatur aufforderte, sie sollten sich auf ihre kirchlichen Aufgaben konzentrieren. Den Widerstand gegen das brutale diktatorische Regime habe er nicht als Aufgabe der Kirche angesehen.

Vor allem aber ist es der Fall der beiden Jesuitenpater, der den Papst in Bedrängnis bringt. Dass dieses Thema und die Rolle der Kirche zur Zeit der Junta die Menschen in Argentinien immer noch beschäftigen, zeigte sich noch in der Nacht nach dem Ende des Konklaves in Rom. Passanten konnten wenige Stunden nach der Wahl des Papstes ein frisches Graffiti in der Nähe der Kathedrale von Buenos Aires lesen: »Der Papst ist ein Freund von Videla«, hatte ein Unbekannter auf eine Mauer gesprüht. Videla ist der schon erwähnte General Jorge Rafael Videla, der lange als Staatspräsident an der Spitze der herrschenden Generals-Clique stand. Die Behauptung und damit den Vorwurf gab es schon lange, bevor die Bischöfe den einstigen Erzbischof von Buenos Aires zum Heiligen Vater wählten. Nur misslang bisher jeder Versuch, die Vorwürfe zu entkräften. Dass sie stimmen, ließ sich jedoch ebenfalls nicht bestätigen.

Den Ursprung der Diskussion bildet das Jahr 1976, das erste der Diktatur in Argentinien. Im März putschten die Militärs und enthoben Isabel Perón, die Argentinien seit dem Tod ihres Mannes Juan Domingo Perón am 1. Juli 1974 regierte, ihres Amtes. Isabel Perón galt mit der Amtsführung als völlig überfordert, das Land rutschte tief in die Krise. Die Militärs stellten Perón unter Hausarrest und ersetzten sie durch eine Junta unter Führung des bisherigen Oberkommandeurs der Streitkräfte, General Videla.

Am 23. Mai dann verschwanden Orlando Yorio und Franz Jalics. Die beiden Jesuitenpater wohnten in einem Slum, weil sie mit den Armen leben und ihnen helfen wollten. In genau diesem Slum wurden sie entführt, bis zu ihrer Freilassung vergingen fünf Monate.

Jalics schrieb später in seinen Erinnerungen, dass die Anwesenheit der Geistlichen in den Armenvierteln vor allem von Angehörigen der extremen Rechten äußerst argwöhnisch beobachtet wurde – und damit auch von den regierenden Militärs. »Sie interpretierten die Tatsache, dass wir dort lebten, als Unterstützung der Guerilleros und denunzierten uns als Terroristen.«

Also wurden Yorio und Jalics nicht einfach nur verhaftet. Ihre Entführung endete in der Escuela de Mecánica de la Armada, der Technikschule der argentinischen Marine. Die war zu jener Zeit längst zweckentfremdet: In den Räumen der ESMA befand sich ein gefürchtetes Foltergefängnis.

Die beiden Jesuiten verbrachten fünf qualvolle Monate in Folterhaft, bevor sie auf einem Feld ausgesetzt wurden, kaum bekleidet und mit Drogen nur so vollgepumpt. Nach ihrer Freilassung reisten Jalics und Yorio nach Rom, wo sie vor Pedro Arrupe aussagen sollten, dem Generaloberen des Jesuitenordens. Was sie berichteten, belastet den neuen Papst schwer: Bergoglio habe sie denunziert.

Der hatte Arrupe außerdem einen Brief geschickt, als die beiden noch verschwunden waren. Bergoglio teilte darin mit, dass Jalics und Yorio aus dem Jesuitenorden ausgeschlossen wurden. Angeblich, weil sie Kontakte zu Frauen pflegen, außerdem gebe es Gehorsamskonflikte. Bergoglio besetzte zu jener Zeit die Position des Provinzials der Jesuiten in Argentinien. Damit galt er als der oberste Ordensmann des Landes. Dass er nun zwei politisch aktive Jesuiten aus dem Orden entfernte, dazu gibt es unterschiedliche Meinungen und Theorien. Er könnte bedroht und in die Ecke gedrängt worden sein, könnte einfach Angst gehabt haben. Sein Vorgehen kann ebenso gut als Versuch zur Wahrung der Neutralität des Ordens in schwierigen Zeiten gewertet werden. Die wohl unangenehmste Theorie ist die, dass das Graffiti in Buenos Aires mehr als eine gegenstandslose Behauptung darstellte, dass die vorgeworfene Nähe zur Junta nicht nur verleumderische Hetze ist.

Die Vergangenheit hat Papst Franziskus jedoch nicht erst jetzt eingeholt. Bereits vor dem Konklave, das 2005 in der Wahl Benedikt XVI. mündete, erstattete in Buenos Aires der Menschenrechtsanwalt Marcelo Perrilli vor einem Gericht Anzeige gegen Bergoglio. Dass ein Sprecher des Kardinals die Anzeige als pure Verleumdung bezeichnete, kam für niemanden überraschend.

Doch auch Bergoglio selbst fühlte wohl, dass es Zeit für eine Erklärung war. Was er sagte, konnte die Vorwürfe nicht wirklich entkräften. Schon vor dem Militärputsch will er Orlando Yorio und Franz Jalics vor der aufziehenden Gefahr gewarnt und ihnen das Jesuitenhaus als Zufluchtsort und Schutzraum angeboten haben. Die beiden Priester gingen demnach jedoch nicht auf das Angebot ein, setzten ihre Arbeit in den Elendsvierteln der Metropole vielmehr unbeeindruckt fort.

Die Entführung von Yorio und Jalics blieb nicht der einzige Vorfall im direkten Umfeld Bergoglios während der Ära der argentinischen Militärdiktatur. Vielmehr gab es noch weitere Fälle von Entführungen und Misshandlungen. Mal traf es Seminaristen, mal Mitarbeiter des Colegio Máximo de San José. Und immer fiel der Name des Jesuitenpaters Martín González als Beteiligter. Papst Franziskus muss sich die Frage gefallen lassen, wie das alles ohne sein Wissen geschehen konnte – ob es tatsächlich ohne sein Wissen geschah. Schließlich hatte der damalige Ordensprovinzial Bergoglio seinen Amtsitz genau dort, wo all das geschah – im Colegio Máximo.

Außerdem gibt es Weggenossen des Papstes, die sich mit weiteren und durchaus konkreten Anschuldigungen zu Wort melden. Etwa Miguel Ignacio Mom Debussy, ein ehemaliger Jesuit und Chauffeur Bergoglios. Der berichtete im Jahr 2010 von gleich mehreren Treffen mit Admiral Emilio Massera. Massera war von 1976 bis 1978 zusammen mit Jorge Videla und Orlando Agosti Mitglied der Militärjunta. Und das ist nicht alles: Als Oberkommandierendem der Marine unterstand ihm auch die zum Foltergefängnis umfunktionierte Marineschule, in der die entführten Jesuitenpater fünf Monate einsaßen. Nun liegt mit etwas gutem Willen die Vermutung nahe, dass bei den Treffen vielleicht verbesserte Haftbedingungen für Oppositionelle Thema waren. Der Fahrer erinnert sich jedoch anders: Ihm habe Bergoglio die Gespräche mit Massera damit erklärt, dass es um den Schutz des Jesuitenordens und der Novizen ging.

Dass es auch ganz anders gewesen sein kann, lässt sich aus einem Interview schließen, das der argentinische Journalist Horacio Verbitsky 2010 mit Orlando Yorios Geschwistern Graciela und Rodolfo führte. Er ist auch unter dem Spitznamen »der Hund« bekannt, spürt immer wieder neue Informationen über die Verbindung zwischen argentinischer Junta und der katholischen Kirche auf. Verbitksky verfasste 2005 das Buch *El Silencio* über die Rolle der Kirche in der Militärdiktatur.

Was die Geschwister erzählten, wusch Bergoglios befleckte Weste nicht rein. Vielmehr zeichneten sie das Bild eines Mannes, der zwischen zwei Fronten stand und nach Lösungen auf beiden Seiten suchte. Er habe ihnen in einem persönlichen Gespräch mitgeteilt, dass er bei der Klärung des Entführungsfalles auf die Mitarbeiter des Geheimdienstes der Armee setze. Sie befragten schließlich die Inhaftierten. Die Geschwister Graciela und Rodolfo bestätigten indirekt auch die Aussage des Chauffeurs Miguel Ignacio Mom Debussy: Bergoglio habe wichtige Verbindungen und soll sich mit Admiral Emilio Massera getroffen haben. Er habe ihnen ebenfalls erklärt, dass er sich bei den Treffen diskret für die Geistlichen einsetzen wolle.

Rodolfo fügte hinzu: »Ich kenne Leute, denen er geholfen hat. Genau das offenbart seine zwei Gesichter und seine Nähe zur Militärmacht. Er geht meisterhaft mit Zweideutigkeit um. Wenn die Armee jemanden umbrachte, war er ihn los, wenn sie ihn retteten, war er es, der ihn gerettet hat.« Damit sei auch der Umstand zu erklären, dass ihn manche für einen Heiligen halten, während andere ihn fürchten.

Horacio Verbitsky zählt zu den renommierten Anklägern des neuen Papstes. Laut seiner Aussage bestätigen fünf Zeugen Bergoglios Rolle innerhalb der Kirche bei der Unterdrückung Oppositioneller durch die Militärregierung. Es gehe im Zuge dessen auch um das Verschwinden von Priestern.

Bergoglio selbst wurde 2010 als Zeuge in einem Verfahren befragt, bei dem es um Verbrechen in der Zeit der Militärdiktatur ging. Wie nicht anders zu erwarten, wies der Erzbischof alle Vorwürfe zurück. Er gab sogar an, dass er sich seinerzeit direkt bei Junta-Chef Videla für die Freilassung von Orlando Yorio und Franz Jalics eingesetzt habe.

José Maria Poirier, Chef der katholischen Zeitschrift *Criterio*, bestätigt das und sagt, dass Bergoglio den beiden auch die Ausreise nach Italien erlaubte. »Einige Priester haben geschwiegen, andere Kirchenleute waren Komplizen. Einige Bischöfe waren Sympathisanten der Diktatur – das ist aber nicht der Fall bei Bergoglio, dem nichts vorgeworfen werden kann.«

Auch die italienische Zeitung *Corriere della Sera* äußert die Ansicht, es sei bloße Diffamierung, dass der Papst seine Ordensbrüder angeblich nicht ausreichend gedeckt habe.

Jorge Mario Bergoglio berichtete seinem Biografen, dass er sich massiv für eine Freilassung der beiden Priester eingesetzt habe, im Hintergrund. Einmal habe er etwa den Privatseelsorger von Junta-Chef Videla dazu überredet, sich krankzumelden – damit er selbst, Bergoglio, die Messe in Videlas Haus abhalten konnte. Er suchte die Gelegenheit, mit dem Machthaber sprechen zu können, um eine Freilassung der Priester zu erreichen.

Bergoglio will noch mehr getan haben: Er gab an, dass er Menschen vor den Todesschwadronen beschützte, indem er sie versteckte. Einem Dissidenten, der ihm auffallend ähnelte, will er sogar seine Ausweispapiere gegeben haben, damit der Mann das Land verlassen konnte. Aber wieder einmal ist das nur die eine Seite: Vor Gericht jedenfalls nutzte der Papst zweimal sein Zeugnisverweigerungsrecht.

DIE OPFER UND DIE EINSCHÄTZUNG HEUTE

Orlando Yorio starb im Jahr 2000 in Uruguay. Von der Folter und den schrecklichen Erfahrungen im Gefängnis hatte er sich bis zu seinem Tod nicht vollständig erholt. Franz Jalics halfen nach eigener Aussage Meditation und permanentes Gebet durch die Zeit der Haft. Zwei Jahre nach seiner Freilassung siedelte er 1978 nach Deutschland über. Später schrieb er ein Buch über besondere geistliche Übungen, die kontemplativen Exerzitien. Nach Aussage des Jesuiten-Sprechers Thomas Busch hegt Jalics keinerlei Groll gegen den Papst. »Vor einigen Jahren ist Pater Jalics auf Einladung des Erzbischofs nach Buenos Aires gefahren, wo sie sich ausgesprochen haben.« Was genau bei dem Treffen angesprochen wurde, ist jedoch nicht bekannt.

Zu klären gab es bei dem Treffen einiges. Noch 1995 nämlich hatte Jalics darüber geschrieben, wie er seinem Vorgesetzten noch vor der Entführung die gefährliche Lage geschildert hatte, in der er und Yorio sich befanden. Den Vorgesetzten nannte er dabei nur den »Mann«. Er habe diesem Mann zu erklären versucht, dass der »mit unserem Leben spielt«. Der Mann habe ihm daraufhin zugesichert, dass er den Machthabern erklären würde, die beiden seien keine Terroristen. Was der Mann laut Jalics jedoch nicht tat. Vielmehr habe der Mann sie dem Regime gegenüber noch weiter belastet, was mehrere Dokumente und eine Zeugenaussage belegen würden. Orlando Yorio hatte sich schon Ende der Siebzigerjahre ähnlich geäußert. Mit dem Unterschied, dass der Mann in seinen Schilderungen den Namen Bergoglio trug.

Schon kurz nach der Wahl von Papst Franziskus, wandte sich Graciela, die Schwester von Yorio, mit einer nicht gerade versöhnlich klingenden Mail an Horacio Verbitsky. Es wurde vielmehr deutlich, dass die Familie nach wie vor voller Wut ist. »Ich kann es nicht glauben. Ich bin so bekümmert und so voller Wut, dass ich nicht weiß, was ich machen soll. Jetzt hat er erreicht, was er wollte.« Mit »er« ist derjenige gemeint, den Orlando Yorios Glaubensbruder den »Mann« nannte und von dem Graciela Yorio unerschütterlich glaubt, dass er die beiden jungen Männer einst den Diktatoren ans Messer lieferte. Sie glaubt Bergoglio verantwortlich für jene fünf Monate Folter, die ihr Bruder nie mehr ganz überwand.

Doch Graciela Yorio war nicht die Einzige, die sich nach der Wahl zu dem fast 40 Jahre zurückliegenden Fall äußerte. Auch Franz Jalics meldete sich am 15. März zu Wort. Mit der Folge, dass neutrale Beobachter einmal mehr vor gegensätzlichen Aussagen standen. Seine Erklärung ist wesentlich umfangreicher als die kurze Mail von Yorios Schwester, auch der Inhalt unterscheidet sich deutlich: »Seit 1957 lebte ich in Buenos Aires. Im Jahre 1974, vom inneren Wunsch bewegt, das Evangelium zu leben und auf die schreckliche Armut aufmerksam zu machen, und mit der Erlaubnis von Erzbischof Aramburu und dem damaligen Provinzial P. Jorge Mario Bergoglio, bin ich gemeinsam mit einem Mitbruder in eine ›Favela‹, ein Elendsviertel der Stadt, gezogen. Von dort aus haben wir unsere Lehrtätigkeit an der Universität fortgesetzt.

In der damaligen bürgerkriegsähnlichen Situation wurden von der Militärjunta binnen ein bis zwei Jahren ungefähr 30 000 Menschen, linksgerichtete Guerilleros wie auch unschuldige Zivilisten, umgebracht. Wir zwei im Elendsviertel hatten weder mit der Junta noch mit den Guerilleros Kontakt. Durch den damaligen Informationsmangel bedingt und durch gezielte Fehlinformationen war jedoch unsere Lage auch innerkirchlich missverständlich. In dieser Zeit haben wir die Verbindung zu einem unserer Laienmitarbeiter verloren, als die Person sich den Guerilleros angeschlossen hatte. Als er neun Monate später von den Soldaten der Junta gefangen genommen und verhört wurde, haben diese erfahren, dass er mit uns in Verbindung stand. In der Annahme, dass auch wir mit den Guerilleros zu tun haben, wurden wir verhaftet. Nach einem fünftägigen Verhör hat uns der Offizier, der die Befragung geleitet hat, mit diesen Worten entlassen: ›Patres, Sie hatten keine Schuld. Ich werde dafür sorgen, dass Sie ins Armenviertel zurückkehren können.‹ Dieser Zusage zum Trotz wurden wir dann, auf eine für uns unerklärliche Weise, fünf Monate lang mit verbundenen Augen und gefesselt in Haft gehalten. Ich kann nichts zur Rolle von P. Bergoglio in diesen Vorgängen sagen.

Nach unserer Befreiung habe ich Argentinien verlassen. Erst Jahre später hatten wir die Gelegenheit, mit P. Bergoglio, der inzwischen zum Erzbischof von Buenos Aires ernannt worden war, die Geschehnisse zu besprechen. Danach haben wir gemeinsam öffentlich Messe gefeiert und wir haben uns feierlich umarmt. Ich bin mit den Geschehnissen versöhnt und betrachte sie meinerseits als abgeschlossen.

Ich wünsche Papst Franziskus Gottes reichen Segen für sein Amt.

P. Franz Jalics SJ«

Franz Jalics bestätigte das am 20. März erneut und sagte vor Medienvertretern, er und Orlando Yorio seien damals nicht von

Bergoglio angezeigt worden. Doch man kann es drehen und wenden, wie man will – Zweifel bleiben, auch wenn der Vatikan sich hinter den Papst stellt. Eine endgültige Bewertung wird erst dann möglich sein, wenn alle Fragen zweifelsfrei beantwortet sind. Und das ist vielleicht gar nicht mehr möglich.

Viele Stellungnahmen zur Wahl spiegeln die Bandbreite der Meinungen zur Rolle des Papstes wider.

»Für einige macht es ihn zum Helden, dass er Glaubensbrüder gerettet haben will. Andere bleiben skeptisch«, äußerte der Koordinator einer Gruppe linksgerichteter Priester, Eduardo de la Serna, in einem Interview mit dem argentinischen Sender *Radio del Plate*: »Bergoglio ist ein Mann der Macht, und er weiß, wie er sich unter mächtigen Leuten zu positionieren hat. Ich habe noch immer viele Zweifel bezüglich der Rolle, die er beim Verschwinden von Jesuiten während der Diktatur gespielt hat.«

Der brasilianische Befreiungstheologe Leonardo Boff findet eine angebliche Nähe Bergoglios zur früheren argentinischen Diktatur nicht bestätigt. »Im Gegenteil: Er hat viele gerettet und versteckt, die von der Militärdiktatur verfolgt wurden«, äußerte Boff gegenüber der Nachrichtenagentur *dpa* in Rio de Janeiro.

Auch der 81-jährige Friedensnobelpreisträger Adolfo Pérez Esquivel unterstützte den Papst: »Bergoglio war kein Komplize der Diktatur«, sagte er *BBC Mundo*, dem spanischsprachigen Dienst des britischen Senders. »Es gab Bischöfe, die Komplizen der Diktatur waren, aber Bergoglio nicht.« Es gebe keinerlei Verbindung zwischen Bergoglio und der Diktatur. Zudem bestätigte er der *BBC*, dass auch andere Bischöfe sich bei den argentinischen Generälen für Inhaftierte eingesetzt hatten.

Der Münchner Jesuit Martin Maier reiht sich ebenfalls bei den Verteidigern Bergoglios ein. Der ehemalige Herausgeber der Ordenszeitschrift *Stimmen der Zeit* gab an, er glaube Jorge Mario Bergoglio, wenn der sagt, alles in seiner Macht Stehende zum Schutz der Jesuiten getan zu haben. Man müsse bedenken, dass ihm bisher nichts anderes nachgewiesen worden sei, obwohl die politische Aufarbeitung dieser Zeit seit etwa zehn Jahren betrieben würde. Und andere Geistliche seien ja durchaus der Zusammenarbeit mit dem Regime überführt worden.

Vatikansprecher Federico Lombardi sprach von einer Kampagne gegen Bergoglio, die bereits bekannt und mehrere Jahre alt sei. Diese Kampagne würde von einem Publikationsmedium betrieben, das nicht zum ersten Mal rufschädigend und verleumderisch agiere. Auch wenn er den Namen der Publikation nicht ausdrücklich erwähnte, war für Beobachter unschwer zu erkennen, dass er sich auf die argentinische Zeitung *Página/12* bezog. Dort wurden im Jahr 2005 die Beschuldigungen gegen Jorge Mario Bergoglio erstmals verbreitet. Lombardi ergänzte, dass es nie eine konkrete und glaubwürdige Anklage gegen Bergoglio gegeben habe. Die argentinische Justiz habe ihn einmal als Zeugen befragt, ihn aber nie irgendeiner Verfehlung angeklagt.

Pater Lombardi wies darauf hin, dass zahlreiche Erklärungen beweisen, wie viel Bergoglio zum Schutz der Menschen zu Zeiten der argentinischen Militärdiktatur unternommen habe. Man wisse zudem, dass Bergoglio als Bischof die Bitte der argentinischen Kirche um Vergebung, weil sie zu Diktaturzeiten nicht genug getan habe, vorangetrieben habe.

Deutlich kritischer äußert sich der deutsche Sozialethiker und Jesuit Friedhelm Hengsbach zur Rolle des neuen Papstes während der argentinischen Militärjunta: »Ich denke, das ist ein Schatten«, erklärte er im *Deutschlandradio Kultur*. Die argentinischen Jesuiten seien damals gespalten gewesen, ihre Mehrheit allerdings »sehr stark verfilzt« mit den konservativen und nationalistischen Kräften.

Hengsbach ist überzeugt, dass der heutige Papst Orlando Yorio und Franz Jalics tatsächlich vor den Gefahren warnte, die der bevorstehende Putsch mit sich brachte. Man müsse sich fragen, ob es besser gewesen sei, sich kooperativ zu zeigen, um Leben zu schützen, oder konfrontativ mit der Junta umzugehen.

Gegenüber *katholisch.de* erklärte Christian Frevel, Leiter der Abteilung Öffentlichkeitsarbeit bei dem katholischen Lateinamerika-Hilfswerk Adveniat, zur Verteidigung des Papstes: »Wer Schatten suchen will, der wird welche finden.« Bergoglio habe während der Diktatur zwar Fehler gemacht, diese später aber auch selbst eingesehen.

Außerdem gebe es eine Reihe von argentinischen Bischöfen, die Bergoglio den Rücken gestärkt hätten. Auch jene Oberhirten, die selbst unter der Militärdiktatur gelitten hatten, hätten Bergoglio als »guten Mann« bezeichnet.

Wissenschaftliche Arbeiten förderten bislang ebenfalls keine eindeutigen Hinweise über eine Zusammenarbeit von Papst Franziskus mit der argentinischen Militärdiktatur zutage. Nach Angaben von Lateinamerika-Historikern an der Universität Münster gibt es derzeit keine schriftlichen Belege dafür.

Erschwert wird die Forschung aber auch dadurch, dass Archive nicht frei zugänglich sind. Daher könne keine klare Aussage über das Wirken Jorge Mario Bergoglios als Chef der argentinischen Jesuiten getroffen werden, sagte die Jesuitenforscherin Antje Schnoor der Nachrichtenagentur *dpa*. Ihre Kollegin Barbara Rupflin ergänzte: »Es gibt derzeit kein belastbares Archivmaterial und keine Dokumente, um eine fundierte Einschätzung geben zu können.« Beide Historikerinnen glauben eher nicht daran, dass der Fall noch aufgeklärt wird. Die Wissenschaftler seien sich im Ganzen einig, dass die große Mehrheit der argentinischen Bischöfe keine Gegner der Militärdiktatur waren. Einige pflegten sogar ein sehr gutes Verhältnis mit den Generälen. Papst Franziskus sei jedoch in der fraglichen Zeit kein Bischof, sondern als Jesuiten-Provinzial oberster argentinischer Jesuit gewesen. »Es gab viele Jesuiten-Provinziale, die regimekritische Glaubensbrüder unterstützt haben«, sagte Schnoor. »Die politische Situation öffentlich zu kritisieren, war allerdings nicht ihre Aufgabe.« Es war von Bergoglio nicht zu erwarten, dass er öffentlich gegen die Diktatur Stellung beziehen würde. »Das hat kein Jesuiten-Provinzial in dieser Zeit getan, und dennoch haben viele regimekritisch agiert. Allerdings äußern jesuitische Zeitzeugen, dass Bergoglio mit dem Militärregime sympathisiert habe.« Andere hochrangige Jesuiten in Lateinamerika hätten zu dieser Zeit dem Regime eher kritisch gegenübergestanden, sagte Schnoor. Durch ihre gesellschaftlich wichtige Stellung seien sie nicht so angreifbar gewesen wie Angehörige kleinerer, unbedeutender Orden.

Einsicht

Über Jorge Mario Bergoglios Rolle mag weiter gestritten werden. Die katholische Kirche selbst hat längst eingesehen, dass sie in dieser dunklen Zeit der argentinischen Geschichte einen unheilvollen Part innehatte – auch wenn sie das derzeit lieber herunterspielt.

Im Jahr 2000 entschuldigte die Kirche sich öffentlich dafür, dass sie sich den Generälen nicht stärker widersetzt hatte. »Wir wollen alles, was wir falsch gemacht haben, vor Gott bekennen«, erklärte damals die Argentinische Bischofskonferenz. Denn Ausreden halfen nicht mehr: Im Zuge der Verurteilung von drei ehemaligen Armeeangehörigen, denen die Ermordung zweier Priester zur Last gelegt wurde, zu lebenslanger Haft, stellte das Gericht fest, die Amtskirche habe damals vor der Ermordung modern und fortschrittlich eingestellter Priester die Augen verschlossen.

Im Dezember 2012 meinten die katholischen Bischöfe Argentiniens, dass es an der Zeit sei für eine weitere Entschuldigung. Erneut wurde eine Erklärung zu den Vorgängen der Vergangenheit veröffentlicht: »Wir teilen den Schmerz aller und bitten erneut jeden um Vergebung, den wir enttäuscht oder nicht in dem von uns erwarteten Ausmaß unterstützt haben.«

Auch Kardinal Bergoglio drückte später sein Bedauern aus. Dabei ging es jedoch nicht um das Eingeständnis eigener Schuld. Vielmehr stand er 2006 in Buenos Aires einem Festgottesdienst vor, bei dem all derer gedacht wurde, denen die Treue zu Jesus Christus wichtiger war als das eigene Leben.

An der denkwürdigen Feier nahm auch der Präsident des Landes, Néstor Kirchner, teil. Abgehalten wurde der Gottesdienst in der Pfarrei San Patricio in einem Vorort der Hauptstadt, in dem es am 4. Juli 1976 zu einem grausamen Verbrechen gekommen war: Drei Priester und zwei Seminaristen des Pallottinerordens wurden von Auftragsmördern des Regimes ermordet.

Gegen Mitternacht drangen die Mörder gewaltsam in das Pfarrhaus im Stadtteil Belgrano ein. Sie zwangen die Ordensangehörigen, sich in einem Zimmer zu versammeln, in dem sie sie dann erschossen. Die einzelnen Leichen wiesen bis zu 70 Einschüsse auf. Die tatsächlichen Hintergründe des Verbrechens konnten erst 2000 vollständig aufgeklärt werden.

Kardinal Bergoglio, damals der Beichtvater von P. Alfredo Kelly, einem der Getöteten, wies darauf hin, dass das Martyrium »die Folge der radikalen Nachfolge Gottes« sei und hob in seiner Predigt die bewundernswerte Haltung derer hervor, die ihr Leben für Jesus und seine Prinzipien hingegeben haben. »Möge das Blutzeugnis all derer, die gestern und heute ihr Leben für den Glauben hingegeben haben, uns allen helfen, in Eintracht miteinander zu leben.«

Schon im Jahr 2005 hatte der Erzbischof das Seligsprechungsverfahren für die fünf Pallottiner eingeleitet, die als Märtyrer bezeichnet wurden. Am 21. September 2005 wurde ihnen in der Kirche San Patricio ein Denkmal gesetzt. Von seiner eigenen Rolle zur Zeit der Diktatur sprach Bergoglio aber auch im Rahmen des Festgottesdienstes nicht.

WUSSTE BERGOGLIO VON BABYRAUB?

Die argentinische Militärjunta folterte und ermordete nicht nur die Regimegegner, sie ließ auch schwangere Frauen verschleppen. Die werdenden Mütter wurden nicht gefoltert und erhielten als Gefangene mit Sonderstatus sogar genießbare Mahlzeiten. Das Ende ihrer Gefangenschaft erlebten die Frauen trotzdem nicht: Die Diktatoren betrachteten die Frauen allein als Gebärmaschine, deren Zweck sich mit der Geburt eines Kindes erfüllt hatte. War das Neugeborene auf der Welt, wurden die Mütter meist umgebracht.

Das Baby übernahmen kinderlose Militärs oder es wurde zur Adoption freigegeben. Die Organisation Abuelas de Plaza de Mayo, ein Zusammenschluss der Großmütter der verschwundenen Kinder, schätzt, dass um die 500 Babys von inhaftierten Frauen auf die Welt gebracht wurden. Bis heute konnten mit Hilfe von DNA-Analysen 103 der Kinder ausfindig gemacht werden. Alle wuchsen unter falschen Namen in fremden Familien auf. Im Jahr 2012 standen wegen des Babyraubs die ehemaligen Junta-Chefs Jorge Videla und Reynaldo Bignone sowie vier weitere ehemals hochrangige Offiziere vor Gericht. Videla, inzwischen 87-jährig, wurde zu 50 Jahren Haft verurteilt. Bignone, kaum jünger, kam mit 15 Jahren davon, die vier Offiziere bekamen Gefängnisstrafen zwischen 14 und 40 Jahren.

Jemand wie Videla hat vermutlich jede denkbare Strafe verdient – doch um das Schicksal Videlas geht es hier nicht. Die Frage, die in diesem Zusammenhang in der Vergangenheit gestellt wurde und wird, lautet vielmehr: Was wusste Jorge Mario Bergoglio von den eigentlich unvorstellbaren Vorgängen?

Im Mai 2011 war Kardinal Jorge Bergoglio in dem Prozess gegen die Militärs der letzten argentinischen Diktatur als Zeuge geladen. Es gab eine Zeugin, die angab, er habe von dem systematischen Raub von Neugeborenen gewusst.

Die Schwester der Zeugin war im fünften Monat schwanger, als sie im Jahr 1977 von Militärs in der Provinz Buenos Aires festgenommen worden war. Die Angehörigen erfuhren, dass sie das Kind im Gefängnis auf die Welt brachte. Die verzweifelte Suche nach der Mutter und ihrem neugeborenen Baby blieb zunächst ergebnislos. Noch wussten sie nichts vom Vorhaben der Militärs – konnten nicht wissen, dass die junge Mutter nach der Geburt brutal ermordet worden war.

Im Rahmen ihre Suche sandte die Familie auch Briefe an den damaligen Vorgesetzten der Ordensprovinz der Jesuiten und baten ihn um Hilfe. Adressat war niemand anderes als Bergoglio. Die Zeugin legte die Briefe aus den Siebzigerjahren den Richtern vor, die zwischen Bergoglio und den Familienangehörigen hin- und hergegangen waren.

Die Briefe gewannen zusätzlich an Brisanz, weil Bergoglio bereits ein halbes Jahr zuvor im November 2010 in einem Prozess gegen Diktaturverbrecher aussagen musste. Damals gab er an, dass er erst zur Jahrtausendwende erfahren habe, dass während der Militärdiktatur Mütter verschleppt, getötet und ihrer Kinder beraubt wurden. Der Widerspruch der Aussagen ist bis heute nicht geklärt.

Doch nicht jeder Vorwurf gegen den Papst hat zumindest ansatzweise einen Bezug zur Realität. So berichteten Medien, der Journalist Horacio Verbitsky habe in seinem Buch *El Silencio* einen weiteren Vorfall beschrieben, der Bergoglio eine Mittäterschaft zuschreibt. Die argentinische Marine, so hieß es, soll politische Gefangene mit seiner Hilfe vor der Delegation einer interamerikanischen Menschenrechtskommission versteckt haben. Und zwar nicht irgendwo: Die Gefangenen seien vielmehr in Bergoglios Sommersitz untergebracht worden. Bergoglio wurde mit den Anschuldigungen konfrontiert und gab an, dass es sich genau umgekehrt verhielt: Es sei ihm darum gegangen, die Gefangenen vor der Junta zu beschützen, und nicht darum, diese vor der Delegation der Menschenrechtskommission zu verstecken. Tatsächlich schreibt Verbitsky zwar über Bergoglios mögliche Komplizenschaft mit dem Regime. Die Meldung wurde aber von der britischen Zeitung *The Guardian* zunächst fälschlich wiedergegeben und dann korrigiert.

Nicht erst seit der Papstwahl wollen viele Menschen in der Kirche endlich einen Schlussstrich unter dieses düstere Kapitel in Argentiniens Geschichte und damit auch in der Geschichte der katholischen Kirche ziehen. Viele sind zudem der Meinung, der Papst habe bereits bei der Aufklärung geholfen und Vorwürfe gegen ihn glaubhaft entkräftet. Aber es gibt eben immer noch offene Fragen. Erst wenn es ihm gelingt, seine Glaubwürdigkeit und die Glaubwürdigkeit der Kirche in Argentinien vollständig wiederherzustellen, kann er auch die Skandale bewältigen, die weltweit die Kirche erschüttern.

Neuorientierung

Was auch immer sich zu jener Zeit tatsächlich zugetragen hat – die Vorwürfe gegen Papst Franziskus beziehen sich auf einen vergleichsweise kurzen Zeitraum. Die Militärjunta übernahm die Macht 1976 und musste sie erst 1983 wieder abgeben. Bergoglio wurde ebenfalls 1976 als Provinzial des Jesuitenordens eingesetzt, verließ den Posten jedoch schon drei Jahre später im Jahr 1979. Was damals in seinem Inneren vorging, weiß nur er selbst. Aber gleichgültig, ob die Vorwürfe gegen ihn eine Basis haben, oder ob er sich als Geistlicher in einem totalitären Regime behaupten musste: In den drei Jahren musste er immer wieder großem Druck standhalten.

Da erscheint es durchaus verständlich, dass er sich neu orientierte. Und zwar in eine Richtung, die ihm gut bekannt war: Bergoglio ging zurück an die Universität, diesmal jedoch nicht, um zu lernen, sondern um zu lehren. Als Theologieprofessor und Rektor stand er von 1980 bis 1986 den Fakultäten für Philosophie und Theologie von San Miguel vor, wo er einst selbst studiert und gelehrt hatte. Zusätzlich war er in der Diözese San Miguel als Pfarrer tätig.

In diese Zeit fiel auch eine Reise, die nach der Papstwahl vor allem in Deutschland für Interesse sorgte. Padre Bergoglio, so viel ist mittlerweile klar, hat damals im argentinischen Winter eine Auszeit genommen, um noch einmal fundiert wissenschaftlich zu arbeiten. Ihn interessierte der deutsche Religionsphilosoph Romano Guardini, zu dem es an der Philosophisch-Theologischen Hochschule Sankt Georgen in Frankfurt am Main reichhaltiges Material gibt. Was genau Papst Franziskus an Guardini fasziniert hat, ist nicht bekannt. Aber wie der Pontifex selbst hatte der deutsche Theologe, der 1968 starb, italienische Wurzeln. Bei Theologen wie Philosophen gleichermaßen anerkannt sind seine christlich-existenziellen Auslegungen von weltlichen Dichtern wie Rainer Maria Rilke oder Fjodor Dostojewski.

Damals hat Jorge Bergoglio über einige Monate hinweg intensive wissenschaftliche Forschung betrieben, hat die Schätze der Bibliothek genutzt und in einem der kargen Zimmer in der Kommunität gelebt. Doch dann kam, womöglich früher als gedacht, eine neue Berufung seines Ordens. Und das geplante Buch, gedacht als Dissertationsthema, blieb unvollendet.

Pater Michael Sievernich hat Bergoglio nicht nur an der Hochschule Sankt Georgen, sondern auch zuvor schon mehrmals bei eigenen Besuchen in Lateinamerika getroffen. Der sei »sehr interessiert und zupackend«, beschreibt er ihn, mit besonderem Zugang zu Kranken und Armen, tief verwurzelt in der Seelsorge.

Der Jesuitenpater Erhard Kunz lehrte jahrelang an der Hochschule Sankt Georgen und traf dort Bergoglio. Nach dessen Abreise habe es aber keinen Kontakt mehr mit Bergoglio gegeben. »Nur indirekt: Sein Neffe José Luis Narvaja hat auch in Sankt

Georgen studiert.« Heute lehrt Narvaja regelmäßig als Gastpro-
fessor für Historische Theologie an der Hochschule. Die Bin-
dung des neuen Papstes zu Frankfurt bleibt also erhalten.

Dass der argentinische Pater aber Frankfurt am Main in den
Monaten seines Aufenthaltes auch verlassen haben und ein wenig durch die Bundesrepublik gereist sein muss, beweist eine
andere kleine Geschichte: In der Wallfahrtskirche St. Peter am
Perlach in Augsburg entdeckte Bergoglio das Gnadenbild Maria Knotenlöserin, das ihn sehr beeindruckte, da es so viel Zuversicht versprühte. Er brachte Kopien des Bildnisses der kno-
tenlösenden Jungfrau von Deutschland mit nach Argentinien.
Das Original des Gemäldes von der Madonna, die Knoten löst,
die Sorgen und Nöte symbolisieren, stammt von dem deutschen
Maler Johann Georg Melchior Schmidtner (1625–1705).

Die Kopien sorgten in Buenos Aires für viel Aufmerksamkeit,
und die Madonna wurde rasch zu einer der beliebtesten Heili-
gengestalten. Der Aufenthalt in Deutschland war kurz, trotzdem
lernte Bergoglio in dieser Zeit die Landessprache und spricht
seitdem neben Italienisch und Spanisch auch Deutsch.

Danach verlief das Leben Bergoglios vorerst wieder in ru-
higeren Bahnen. Bis zu jenem 20. Mai 1992, an dem Bergoglio durch Johannes Paul II. zum Weihbischof von Buenos Aires
ernannt wurde. Der Papst war zu jener Zeit seit vier Jahren im
Amt, als erster Slawe auf dem Heiligen Stuhl. Der polnische
Papst pflegte eine enge Beziehung zu Argentinien. Im Jahr 1982,
als der kriegerische Konflikt um die Falklandinseln in vollem
Gange war, besuchte er das Land zum ersten Mal. Für seinen
Besuch waren die Argentinier Johannes Paul II. ausgesprochen
dankbar, und er wurde euphorisch gefeiert.

Der Konflikt um die Inselgruppe fiel ebenso wie der Papst-
besuch noch in die Zeit der Militärdiktatur. Die Inseln standen
unter britischer Verwaltung, doch auch Argentinien erhob seit
1833 Anspruch auf sie. 1982 startete das argentinische Militär
einen Angriff auf die Inselgruppe, aus dem ein bewaffneter Kon-

flikt mit Großbritannien wurde, der von April bis Juni dauerte. Großbritannien besiegte die Angreifer, die Inseln blieben in britischer Hand. In Argentinien läutete der verlorene Krieg das Ende der Macht der Militärs ein.

Als Weihbischof war Bergoglio nun zwar ein Bischof, eine Diözese leitete er jedoch nicht. Vielmehr ist er ein Helfer des Diözesanbischofs gewesen. Dieses Gefüge gibt es besonders dort, wo die Diözese so groß ist, dass der Bischof allein nicht alle Aufgaben erfüllen kann – was auf Buenos Aires zutrifft: Im Jahr 2007 gab es hier 183 Pfarreien.

Der Weihbischof vertritt den Bischof vor allem in den Weihehandlungen, etwa der Kirchweihe oder der Diakonenweihe. Wie alle katholischen Bischöfe tragen auch Weihbischöfe eine violette Soutane und an der Hand einen Bischofsring. Ein neu ernannter Weihbischof muss innerhalb von drei Monaten nach der Ernennung geweiht werden.

Bergoglio erhielt die Bischofsweihe am 27. Juni fristgemäß durch den Erzbischof von Buenos Aires, Kardinal Antonio Quarracino, den Apostolischen Nuntius Ubaldo Calabresi und den Bischof von Mercedes-Luján, Emilio Ogñénovich.

Der nächste Schritt auf der kirchlichen Karriereleiter folgte 1997: Am 3. Juni des Jahres wird er Koadjutorerzbischof. Der Begriff Koadjutor bedeutet Beistand und beschreibt damit seine Aufgabe schon grundlegend. Bergoglio wurde dem Erzbischof und Kardinal Antonio Quarracino zur Seite gestellt. Bereits ein gutes halbes Jahr später starb Quarracino am 28. Februar 1998 im Alter von 74 Jahren.

Bergoglio wurde sein Nachfolger – und stieg damit vom Helfer und Beistand zum Erzbischof auf, dem Oberbischof. Der Titel wird in christlichen Kirchen von Bischöfen mit besonderer Amtsstellung getragen, also auch von Bischöfen, die wie Bergoglio einem Erzbistum vorstehen.

Gleichzeitig war er nun auch Bischof für die Gläubigen des orientalischen Ritus, die in Argentinien leben. Das heißt Bischof für die Gläubigen der katholischen Ostkirchen, die in Argentinien keinen eigenen Seelsorger haben.

Im 20. Jahrhundert verzeichnete Argentinien nach den Einwanderern aus Europa eine zweite massive Einwanderungswelle aus dem Vorderen Orient. Die große Masse dieser Einwanderer waren orientalische Christen und sephardische Juden, die meisten von ihnen aus Syrien und dem Libanon.

Der Kardinal der Armen

Er ist Erzbischof von Buenos Aires. Der ehemalige Chemietechniker und Novize des Jesuitenordens ist ganz oben angekommen, bekleidet eines der höchsten Ämter in der römisch-katholischen Kirche. Er könnte das Amt und die damit verbundenen Privilegien genießen – wenn Jorge Mario Bergoglio nicht der wäre, der er ist.

Denn nun, als er im Licht der Öffentlichkeit steht, wird jene Seite von ihm bekannt, die so gar nicht mit den Vorwürfen aus der Zeit der Militärjunta in Einklang zu bringen ist: Bergoglio, der auch als Erzbischof im Herzen ein einfacher Seelsorger bleibt, Bergoglio, der Anwalt der Armen. Die Zeit als Erzbischof in Buenos Aires ist es, die das Bild prägte, das er auch am Tag der Wahl bei seinem ersten Auftritt vor den Gläubigen in Rom zeigte. Es sind genau diese Jahre, aus denen die zahllosen Anekdoten und berührenden Geschichten stammen, die aus Bergoglio den Hoffnungsträger machen, den viele in ihm sehen. Es sind Geschichten von Bescheidenheit, Hilfsbereitschaft und Aufopferung.

Zu den mittlerweile wohl bekanntesten Geschichten aus seiner Zeit als Erzbischof gehört diese: Der Erzbischof lebte wie ein gewöhnlicher Bürger. Statt in seiner Bischofsresidenz wohnte er alleine und zurückgezogen in einer schlichten Behausung. Seine

51

kleine Wohnung lag im zweiten Stock der Kurie hinter der Kathedrale an der Plaza de Mayo. Er ging selbst in den Supermarkt und bereitete sich meist selbst sein Essen zu. Wenn er einmal nicht kochen wollte, ging er in die kleinen, volkstümlichen Lokale, nie aber in die feinen Restaurants der Hauptstadt. Er fuhr mit der »Subte«, der U-Bahn, oder nutzte den Bus, die Dienstlimousine blieb meist ungenutzt. Er ging gern zu Fuß durch die Innenstadt, liebte lange Spaziergänge – ganz allein, ohne Personenschützer. Auch als Kardinal nahm er zudem seine Anrufe selbst entgegen und organisierte seine Termine höchstpersönlich in einem kleinen Notizbuch, das er stets bei sich führte. Statt der Kardinalsrobe trug er lieber den schlichten schwarzen Anzug des Klerikers und verbat es sich, mit »Eminenz« angesprochen zu werden.

Dazu passt auch, was der argentinische Journalist Luis Moreira von der Tageszeitung *La Nación* über die Hochzeit seiner Tochter Emilia erzählt. Auf Wunsch des Bräutigams Gaston hat Bergoglio die beiden damals getraut – Gaston kannte ihn seit vielen Jahren.

Die Zeremonie fand in La Plata statt, etwa 60 Kilometer von der erzbischöflichen Residenz in Buenos Aires entfernt. Als sie ihn einige Tage vor der Hochzeit anriefen, um ihn zu fragen, zu welcher Uhrzeit sie ihm ein Auto schicken sollten, um ihn zur Kirche bringen zu lassen, antwortete er: »Auto? Nein, ich nehme den Zug!« Sie akzeptierten das nur unter der Bedingung, dass sie ihn am Zielbahnhof abholten, damit er sich nicht verlaufen konnte.

Nach der Hochzeit luden sie ihn ein, zusammen mit dem Paar auszugehen. Er wollte nicht. »Emilia und Gaston sind die Sterne dieser Nacht. Die Hauptrolle und alle Grüße und Glückwünsche gebühren ihnen.« So entschuldigte er sich höflich und verließ die Sakristei. Und in der Woche vor der Papstwahl, kurz vor seiner Abreise nach Rom, rief er Gaston an, um ihm zu seinem Geburtstag zu gratulieren.

Auch für die Erzählungen über den bewundernswerten Einsatz Bergoglios in den Elendsvierteln gibt es Bestätigung: Die »Villa 21–24« ist eine der größten Elendssiedlungen in Buenos Aires, im Stadtteil Barracas gelegen. Rund 45 000 Menschen leben hier, und die Siedlung gilt als gefährlich. Viele Bewohner der Hauptstadt trauen sich nicht hinein.

Aber Jorge Mario Bergoglio ist oft vorbeigekommen, ohne Ankündigung. Er hat mit den Leuten Mate getrunken, reihum aus dem gleichen Strohhalm, und mit ihnen gelacht. Auf vielen Bildern ist er mit dem Mate-Becher samt typischem Strohhalm, dem argentinischen Nationalgetränk, zu sehen.

Die Slumbewohner erinnern sich, wie der Erzbischof von Buenos Aires mit dem Bus ankam und sich über schlammige Wege zu ihrer kleinen Kapelle begab. Alleinstehenden Müttern spendete er Trost, und Drogenabhängigen wusch er die Füße. Er unterstützte Sport- und Tischlerprojekte. Und so ist er einer von ihnen geworden. »Vor vier Jahren ging es mir total dreckig und ich brauchte Hilfe«, gibt der 27-jährige Müllsammler Marcelo Reynoso an. Er nimmt an einem Rehabilitationsprogramm der Kirche teil, das ihm helfen soll, von seiner Kokain-Abhängigkeit loszukommen. »Als die Messe begann, kniete er nieder und wusch mir die Füße. Das hat mich sehr betroffen gemacht. Es war so eine schöne Erfahrung.«

Er habe einen Freudentanz aufgeführt, als er von der Wahl Bergoglios zum Papst erfahren habe. »Der Typ ist so bescheiden. Er ist ein Fan von San Lorenzo, wie ich. Man kann mit ihm wie mit einem Freund sprechen.«

»Er hat immer zu unserem Slum dazugehört«, erinnert sich die 41 Jahre alte Hausfrau Lidia Valdivieso, während sie in der Kirche ihre Hand auf eine Statue von Sankt Expeditus legt, dem Heiligen für dringende und kaum erfüllbare Anliegen. Lidias Sohn ist 23 Jahre alt und hat Kinderlähmung. An der technischen Schule der Kirche erlernt er das Tischlern. »Als ich die Nachricht hörte, konnte ich es nicht glauben«, erzählt Lidia.

»Einen papa villero zu haben, ist das Schönste, was uns passieren kann. Ich erinnere mich gut, wie er durch unsere verschlammten Straßen gelaufen ist und mit unseren Kindern gesprochen hat.« Ein papa villero – ein Papst der Elendssiedlungen. Die Seelsorge in diesen Siedlungen ist eine heftige Arbeit. Priester müssen Drogenhändlern entgegentreten und immer wieder ihr Leben aufs Spiel setzen. Manchmal sind Kompromisse nötig, auch in Glaubensfragen. Wenige Schritte von der Kirche entfernt gibt es einen Schrein mit zusammengeschmolzenen Kerzen, der dem Volkshelden Antonio »Gauchito« Gil gewidmet ist, einem Verbrecher aus dem 19. Jahrhundert, der seine geraubte Beute mit den Armen teilte. Viele Arme beten ebenso zu dem gewissermaßen heidnischen »Gauchito« wie zu den katholischen Heiligen.

Bergoglio störte sich nicht an dem Schrein neben der Kirche. »Mehr als 20 Jahre lang ist er hierhergekommen«, sagt der Priester der Gemeinde, Lorenzo »Toto« de Vedia. »Er war uns immer nah, und seine Wirkung in dieser Siedlung ist gewaltig.«

Vor dem Osterfest 2008 besuchte Bergoglio, wie jedes Jahr, ein Krankenhaus, führte die traditionelle Fußwaschung durch. Dann küsste er einem an Aids erkrankten Patienten die Füße und sagte im Anschluss: »Die Gesellschaft sieht an den Armen, Schwachen und Kranken vorbei.« Bergoglio sah nicht vorbei. Er war ein Erzbischof, der in die Elendsviertel ging. Einer der mit den Leuten sprach, Drogenabhängige und Aids-Hospize besuchte. Er suchte die Nähe zu den Armen und Benachteiligten.

An der typischen Art des Bischofs änderte sich auch nichts, als er häufiger nach Rom reiste und den Vatikan besuchte. Dort ist der Jesuit als Generalrelator der 10. Ordentlichen Bischofssynode im Oktober 2001 in Erscheinung getreten. Am 21. Februar 2001 wurde er von Papst Johannes Paul II. in den Kardinalsstand erhoben, seine Titelkirche ist San Roberto Bellarmino. Er wurde zudem Mitglied der Kongregationen für den Gottesdienst und die Sakramentenordnung und gehörte zu den Zuständigen für die Institute geweihten Lebens und die Gesellschaften apostolischen Lebens.

Sein charakteristisch unkonventionelles Auftreten blieb trotzdem erhalten. Und so gibt es eine Anekdote zu dem Tag, an dem Bergoglio in Rom zum Kardinal ernannt werden sollte. Erzählt hat sie sein früherer Sprecher Guillermo Marcó. Als sie sich von ihrer Unterkunft aus auf den Weg zum Vatikan machen wollten, fragte Marcó, wie sie den Weg denn zurücklegen sollten. »Natürlich zu Fuß«, sagte Bergoglio. Marcó wies darauf hin, dass Bergoglio schließlich seine rote Robe trage. »Keine Sorge«, entgegnete Bergoglio: »In Rom könntest du mit einer Banane auf dem Kopf herumlaufen und niemand würde etwas dazu sagen.« Als sie zu Fuß im Vatikan eintrafen, war die Schweizergarde erstaunt. Die Mehrzahl der Kardinäle war mit großem Gefolge angereist. Bergoglio hingegen nur mit Marcó und einer Handvoll Verwandter.

Ins Bild passt nicht nur, dass seine Schwester Maria Elena meinte, ihr Bruder liebe Buenos Aires sehr und habe eigentlich gar nicht Papst werden wollen, sondern auch seine Antwort, die er 2010 seinen Biografen auf die Frage gab, was denn einmal auf seinem Grabstein stehen soll. Sein Grabspruch solle schlicht lauten: »Jorge Bergoglio, Priester.«

Seine Volksnähe und Normalität werden noch dadurch bestärkt, dass der neue Papst als leidenschaftlicher Fußballfan gilt. Sein Lieblingsteam ist der Hauptstadtklub San Lorenzo de Almagro, der in Argentinien auch unter dem Namen »Los Cuervos« (Die Krähen) bekannt ist. Das Fußballteam wurde einst von Priestern gegründet, die auch während des Spiels die schwarzen langen Roben anbehielten und damit auf dem Feld den schwarzen Vögeln ähnelten. Die Vereinstreue hat Tradition in der Familie Bergoglio: Schon sein Vater spielte für die Basketball-Abteilung von San Lorenzo.

Der Vereinsname San Lorenzo verdankt sich dem katholischen Priester Lorenzo Massa, der um 1900 beobachtete, wie ein Junge, der auf der Straße spielte, beinahe überfahren worden wäre. Er lud die Kinder daraufhin zum Fußballspiel im Garten der Pfarrei ein – und außerdem zum Gottesdienst. Sein Vorschlag fand begeisterten Anklang, und am 1. April 1908 wurde ein Fußballverein gegründet. Mit dessen Namen »San Lorenzo« sollte nicht etwa der Geistliche noch zu Lebzeiten geehrt werden, sondern der römische Heilige Lorenz.

Und nun macht der Papst den Verein aus Buenos Aires mit einem Schlag weltbekannt. Denn als Argentinier mit italienischen Wurzeln schlägt auch sein Herz für das runde Leder. Er war ein typischer »Porteño«, wie die Bewohner der Hafenstadt von Buenos Aires heißen. In seiner offiziellen Biografie erzählt er ebenfalls von seiner Fußballliebe: »Als Jugendlicher spielte ich Basketball. Aber mir gefällt es, ins Stadion zum Fußball zu gehen. Wir gingen alle zusammen, die ganze Familie. San Lorenzo war unsere Mannschaft – meine Eltern waren aus Almagro, dem Viertel des Klubs.«

Es ist ein paar Jahre her, da erzählte der neue Papst, dass er im Alter von neun Jahren kein Spiel des Teams verpasste, das damals seinen dritten Meistertitel gewann. Auch als Kardinal saß er regelmäßig auf der Tribüne seines Vereins. Als der Verein im Jahr 2008 seinen 100. Geburtstag feierte, hielt er als Erzbischof und Kardinal eine Messe zu diesem denkwürdigen Jahrestag. Von den Spielern erhielt er ein mit ihren Autogrammen beschriftetes blau-rotes Vereinstrikot. Der Verein ernannte ihn damals zum Ehrenmitglied. Dieses Vereinsmitglied mit der Nummer 88235 hielt zuletzt vor zwei Jahren eine Messe auf dem Vereinsgelände ab, heißt es auf der Homepage des Klubs.

Der Verein erinnert daran, dass Papst Franziskus beim Patronatsfest des Vereins am 24. Mai 2011 einen Gottesdienst im Heimstadion gefeiert hatte, wobei zwei Fußballer der Jugendmannschaft von ihm die Firmung empfangen hatten. Da dieser

Tag auch der Feiertag »Maria, Hilfe der Christen« sei, habe der spätere Papst alle Anwesenden dazu ermahnt, »die Gottesmutter nie aus dem Club zu werfen«.

Um ihren berühmten Anhänger zu ehren, hatten die Spieler des elfmaligen argentinischen Meisters, die passenderweise »Santos« (die Heiligen) genannt werden, sich etwas Besonderes ausgedacht: Im ersten Ligaspiel nach der Papstwahl gegen Colón de Santa Fe liefen sie mit einem Porträt des Heiligen Vaters auf ihren Trikots auf. Derzeit steht die Mannschaft, deren Fans sich ebenfalls »Santos«, die »Heiligen« nennen, jedoch in der unteren Tabellenhälfte der argentinischen Liga. Der Papst möge doch für den Klassenerhalt beten – so der Wunsch der Spieler und Anhänger von San Lorenzo. Und in der Tat gewann San Lorenzo das erste Spiel nach der Papstwahl mit 1:0 gegen Colón de Santa Fe.

Der Kulturliebhaber

Ein bescheidenes Leben, die Liebe zum Fußball – auch das sind nur einzelne Aspekte im Wesen des Jorge Mario Bergoglio. Und sie lenken nur zu leicht davon ab, dass der neue Papst kein einfacher Mann von der Straße ist, sondern ein umfassend gebildeter Intellektueller und ein Kulturliebhaber, ein Freund der griechischen Klassik und ein Anhänger von Shakespeare und Dostojewski.

Schon früh begeisterte er sich zudem für das Kino. Bergoglio erzählte, dass ihn der Film *Claro de Luna* als Kind in den Bann zog. Der argentinische Regisseur und Drehbuchautor Luis César Amadori erzählte darin 1942 die Geschichte zweier Zwillingsmädchen, die sich in den gleichen Mann verlieben. Doch der kann sie nicht unterscheiden und denkt, er liebe nur eine Frau.

»Die Schwestern Legrand, Mirtha und Silvia sind mir noch im Gedächtnis. Ich war acht oder neun Jahre alt«, erinnert er sich in der Biografie *El Jesuita* an die beiden Hauptdarstellerinnen des Schwarz-Weiß-Films. »Ein Meisterwerk war auch *Los Isleros* von Regisseur Lucas Demare.« Heute faszinieren ihn die Filme von Tita Merello. Eine argentinische Sängerin, Schauspielerin und auch Tango-Tänzerin. Merellos erster Film 1933 hieß *Tango*. Bis in die Achtzigerjahre stand sie in über 45 Produktionen vor der Kamera.

Bergoglios Eltern wiederum fachten sein Interesse an den Filmen aus ihrer alten Heimat an. »Meine Eltern weihten mich und meine Brüder in die Filme des italienischen Neorealismus ein.« Diese Filme stellten die schwierigen ökonomischen Verhältnisse und das tägliche Leben in Italien nach dem Zweiten Weltkrieg dar und wurden häufig auf den verwüsteten Straßen gedreht. »Wir ließen uns nichts von Anna Magnani und Aldo Fabrizi entgehen. Wir gingen ins Kino bei uns im Viertel, wo sie drei Filme hintereinander zeigten.«

Außerdem schätzt er Federico Fellini. Dessen Filme waren vor allem in den Fünfziger- und Sechzigerjahren bekannt für einen eigenen Stil, der Fantasie und barocke Bilderwelten miteinander verwebte. Fellini gilt als einer der einflussreichsten Filmemacher des 20. Jahrhunderts. Roberto Rossellini, der viele Filme mit Ingrid Bergman drehte und als Vater der Nouvelle Vague des französischen Kinos gilt, steht ebenfalls weit oben auf Bergoglios Liste. Besonders gut erinnert er sich auch an *Babettes Fest*, den dänischen Film aus dem Jahr 1987.

Außerdem liest der Papst viel. Ihm gefällt die Lyrik von Hölderlin, aber auch viele italienische Werke. Das Buch *I promessi sposi* (Die Brautleute) hat Bergoglio nach eigenen Angaben vier Mal gelesen. In dem Werk von Alessandro Manzoni, das zu den Klassikern der italienischen Literatur zählt, geht es um zwei einander versprochene junge Menschen, die aber an einer Heirat gehindert werden sollen.

In seiner Biografie schildert er seine Bewunderung für Jorge Luis Borges. »Er war ein tiefsinniger, weiser Mann. Ein Agnostiker, der jeden Abend das Vaterunser betete, weil er das seiner verstorbenen, tief religiösen Mutter versprochen hatte.« Jorge Luis Borges ist einem größeren Publikum durch seine fantastischen Erzählungen bekannt geworden. Ein ständiges Thema bei Borges ist die Unendlichkeit. Doch hat ihn nicht nur die Unendlichkeit beschäftigt, sondern auch das Phänomen der Zeit und wie der menschliche Verstand und das menschliche Gefühl diese wahrnehmen, interpretieren, und wie sie damit umgehen.

Und zudem hat der Papst ein Faible für klassische Musik, die er gern zur Entspannung beim Zubettgehen hört. Vor allem mag er Ludwig van Beethoven. Die Leonoren-Ouvertüre No. 3, gespielt von den Wiener Symphonikern und dirigiert von Wilhelm Furtwängler, eine Aufnahme aus dem Jahr 1944, liebt er am meisten.

All diese Details zeichnen das Bild eines vielschichtigen und vielseitigen Menschen. Doch dieser Mensch ist nun Papst – und das wirft weitere Fragen auf.

Teil 2: Der Papst

SCHON EINMAL NAH DRAN GEWESEN

Der neue Papst kommt aus Argentinien, es ist Erzbischof Jorge Mario Bergoglio – und so hätte es schon vor acht Jahren sein können. Denn dass seinerzeit Joseph Ratzinger gewählt wurde, war keineswegs so selbstverständlich, wie es oft erzählt wird.

Der 18. April 2005: In der Sixtinischen Kapelle sollen die Kardinäle einen Nachfolger für den nach langer Krankheit verstorbenen Johannes Paul II. wählen, der mehr als 26 Jahre die katholische Kirche geführt und geprägt hatte. Kurz nach 20 Uhr steigt an diesem Tag erstmals schwarzer Rauch auf und zeigt an, dass kein Kandidat die nötige Mehrheit hatte. Am Morgen des 19. April um 11 Uhr 50 das gleiche Bild. Doch das änderte sich um 17 Uhr 50 – weißer Rauch, der neue Papst war gefunden.

Die Beobachter waren erstaunt: Nach den 26 Jahren des Johannes Paul II. hatte es gerade einmal 26 Stunden gedauert, bis die Kirchenoberen sich auf einen aus ihren Reihen einigen konnten. Es war das kürzeste Konklave in der jüngeren Geschichte der Kirche. Schneller einigten sich die Kardinäle nur im Jahr 1939, als die Wahl Pius XII. nach 20 Stunden feststand.

2005 wurde die zügige Wahl so gewertet, dass der Spitzenkandidat im Grunde schon von Anfang an feststand, es kaum aussichtsreiche Gegenkandidaten gab.

Das allerdings war ein Trugschluss, wie sich Monate nach dem Ende der Wahl herausstellte. Denn im Herbst 2005 veröffentlichte die italienische Zeitschrift *Limes* Aufzeichnungen eines Unbekannten über den tatsächlichen Ablauf des Konklaves. Der Inhalt machte Furore, weltweit wurde über den Inhalt dieses »geheimen Tagebuchs« berichtet. Allem Anschein nach stammten die Notizen von einem wahlberechtigten Kardinal, er soll den Tagesablauf minutiös niedergeschrieben haben, sobald er nach den Abstimmungen auf sein Zimmer zurückkehrte und unbeobachtet war. Denn was er tat, war verboten: Die Kardinäle und alle, die mit ihnen während der Wahl Kontakt haben, sind zur Verschwiegenheit verpflichtet.

Die zentrale Aussage des Geheimberichts: Es gab durchaus einen aussichtsreichen Gegenkandidaten. Der habe im dritten Wahlgang so viele Stimmen auf sich vereint, dass er damit jede andere Wahl blockieren konnte.

Auch der Name des Gegenkandidaten machte bald die Runde: Jorge Mario Bergoglio. Das war die nächste Überraschung: Ein aussichtsreicher Kandidat war in der Regel auch ein Europäer. Nie zuvor entfiel eine so hohe Zahl an Stimmen auf einen Kandidaten, der von einem anderen Kontinent kam, schon gar nicht auf einen aus Lateinamerika.

Wie der Tagebuchautor schrieb, sei schon das Ergebnis des ersten Wahlgangs überraschend ausgefallen: Ratzinger erhält zwar 47 Stimmen – für alle unerwartet lag aber Bergoglio mit 10 Stimmen an zweiter Stelle. Alle anderen Kardinäle lagen bestenfalls im einstelligen Bereich. Am nächsten Tag stimmten zunächst 65 Kardinäle für Ratzinger, doch immer noch fehlten ihm 12 Wähler für die nötige Zweidrittelmehrheit von 77 Stimmen. Gleichzeitig fand auch Bergoglio immer mehr Anhänger, wie der unbekannte Augenzeuge sich erinnerte. Nach 10 am Vortag waren es nun 35. Wahlgang drei: Kardinal Ratzinger bekommt 72 Stimmen und damit 62,6 Prozent – wieder kann jedoch auch Bergoglio mehr Kardinäle auf seine Seite ziehen. 40 waren es jetzt.

Damit war er zwar nicht der eigentliche Gewinner. Wenn diese 40 Kardinäle jedoch in den weiteren Wahlgängen immer noch für ihn stimmten, würde das jede Mehrheit für einen anderen Kandidaten verhindern. Und zwar zwei Wochen lang, danach erst würde das Verfahren geändert und der Wahlsieger müsste dann nur noch mehr als 50 Prozent der Stimmen auf sich vereinen. Doch solche zwei Wochen wären eine zermürbende Nervenprobe für die Kardinäle und eine Zeit, in der es bei der Stimmverteilung zu neuen Überraschungen kommen könnte.

Der Ausgang des vierten Wahlgangs kam dann für viele überraschend. Kardinal Ratzinger erreichte plötzlich mit 84 Stimmen die nötige Mehrheit, er war zum Papst gewählt worden. Bergoglios Anhängerschaft sank auf nur 26 Stimmen. Was der geheime Beobachter nicht schrieb: Bald schon wurde erzählt, dass der rapide Stimmenverlust kein Zufall war. Auch waren die Kardinäle wohl nicht von ihrer Zustimmung für Bergoglio abgewichen. Der Mann aus Argentinien selbst soll sie vielmehr dazu aufgefordert haben. Er trat quasi zurück, um dem späteren Benedikt XVI. die Wahl zu ermöglichen.

Mit dem Konklave von 2005 hängt aber noch ein weiterer ungewöhnlicher Vorgang zusammen. Nur ein paar Tage bevor die Wahl des neuen Papstes begann, wurde gegen Bergoglio in seiner Heimat Anzeige erstattet. Es ging um den bereits geschilderten Fall der 1976 während des Militärregimes entführten und gefolterten Jesuitenpater Orlando Yorio und Franz Jalics – und um die Behauptung, dass Bergoglio darin verwickelt gewesen sei. Die Anzeige machte das Thema nun auch über die Grenzen Argentiniens hinaus bekannt.

Die Frage, die seitdem gestellt wird, ist die, ob es Zufall war, dass die Anzeige und der Beginn des Konklaves so dicht beieinander lagen. Zwar beruhte die Anzeige auf dem, was der Autor Horacio Verbitsky in seinem Buch *El Silencio* über eventuelle Verwicklungen Bergoglios schrieb – dieses Buch erschien ebenfalls 2005. Manche Beobachter werteten die zeitliche Nähe der

Anzeige zum Konklave wenige Tage vor Beginn der Papstwahl jedoch als eine Intrige, mit der die Wahl Bergoglios zum Papst verhindert werden sollte.

Im Jahr 2013 rückte die Geschichte erst nach der Wahl von Papst Franziskus wieder in das öffentliche Bewusstsein. Vor dem Konklave beherrschte ein anderer Name die Medien, der von Benedikt XVI.

Ein unerwarteter Rücktritt

Am 11. Februar 2013 feierten die Menschen in der deutschen Heimat des damaligen Papstes Benedikt XVI. ausgelassen. Es war Rosenmontag, Höhepunkt der Karnevalszeit. In den Hochburgen wie Köln oder Mainz zogen Umzüge mit bunt dekorierten Wagen durch die Straße, maskierte und kostümierte Menschen lachten und feierten. Die Bezeichnung dieses Tages ist eng mit der Kirche und dem Papst verbunden: Sie bezieht sich auf die 40-tägige christliche Fastenzeit zwischen Aschermittwoch und Ostern. Zu dieser Zeit zählen die vier Fastensonntage. Der vierte davon, Laetare, wird auch als Rosensonntag bezeichnet, weil der Papst dann eine goldene Rose segnete, und diese »Tugendrose« einer Person mit besonderen Verdiensten im kirchlichen Bereich überreichte. Zunächst stand der Begriff Rosenmontag also für den Montag vier Wochen nach Karneval.

Am Rosenmontag des Jahres 2013 überraschte eine vollkommen unerwartete Meldung aus Rom die ganze Welt. Der Papst habe seinen Rücktritt angekündigt, hieß es. Während noch über den Wahrheitsgehalt dieser Nachricht diskutiert wurde, trat Benedikt XVI. vor die Vollversammlung der Bischöfe. Eigentlicher Grund für dieses Konsistorium waren drei Heiligsprechungen. Doch schon die ersten Worte des Papstes ließen das in den Hintergrund treten.

»Liebe Mitbrüder«, begann Papst Benedikt, »ich habe euch zu diesem Konsistorium nicht nur wegen dreier Heiligsprechungen zusammengerufen, sondern auch, um euch eine Entscheidung von großer Wichtigkeit für das Leben der Kirche mitzuteilen.« Schon der nächste Satz machte klar, dass die kursierenden Gerüchte wahr waren. »Nachdem ich wiederholt mein Gewissen vor Gott geprüft habe, bin ich zur Gewissheit gelangt, dass meine Kräfte infolge des vorgerückten Alters nicht mehr geeignet sind, um in angemessener Weise den Petrusdienst auszuüben.«

»Ich bin mir sehr bewusst, dass dieser Dienst wegen seines geistlichen Wesens nicht nur durch Taten und Worte ausgeübt werden darf, sondern nicht weniger durch Leiden und durch Gebet. Aber die Welt, die sich so schnell verändert, wird heute durch Fragen, die für das Leben des Glaubens von großer Bedeutung sind, hin- und hergeworfen. Um trotzdem das Schifflein Petri zu steuern und das Evangelium zu verkünden, ist sowohl die Kraft des Körpers als auch die Kraft des Geistes notwendig, eine Kraft, die in den vergangenen Monaten in mir derart abgenommen hat, dass ich mein Unvermögen erkennen muss, den mir anvertrauten Dienst weiter gut auszuführen.«

Der 85-jährige Joseph Aloisius Ratzinger erklärte also, dass er gesundheitlich nicht mehr über die Stärke verfügte, die notwendig sei, um weiter als Benedikt XVI. an der Spitze der römisch-katholischen Kirche zu wirken.

Er erklärte der fassungslosen Weltöffentlichkeit auch, dass diese Entscheidung unumstößlich sei, und dass der Ankündigung schon bald Taten folgen sollten: »Im Bewusstsein des Ernstes dieses Aktes erkläre ich daher mit voller Freiheit, auf das Amt des Bischofs von Rom, des Nachfolgers Petri, das mir durch die Hand der Kardinäle am 19. April 2005 anvertraut wurde, zu verzichten, sodass ab dem 28. Februar 2013, um 20 Uhr, der Bischofssitz von Rom, der Stuhl des heiligen Petrus, vakant sein wird und von denen, in deren Zuständigkeit es fällt, das Konklave zur Wahl des neuen Papstes zusammengerufen werden muss.«

Ein Papst, der nicht bis zu seinem letzten Atemzug im Amt blieb, sondern aus freien Stücken bei klarem Geist zurücktrat: Damit brach Benedikt XVI. ein Tabu. Seit vielen Jahrhunderten hatte es das nicht mehr gegeben.

Der letzte Papst, der freiwillig und lebend aus dem Amt schied, war Coelestin V. im Jahr 1294. Der hatte das Amt 85-jährig nicht einmal aus freien Stücken übernommen. Vor seiner Wahl war der Stuhl des Papstes zwei Jahre lang nicht besetzt, unter anderem, weil man sich nicht auf einen geeigneten Kandidaten einigen konnte. Pietro di Morrone, so der bürgerliche Name des späteren Pontifex, hielt diesen Umstand für untragbar und schrieb einen Brief an die Kardinäle, dass sie sich endlich einigen und zur Wahl schreiten sollten.

Tatsächlich ging nun alles recht schnell, am 5. Juli 1294 war der Papst gewählt. Sein Name: Pietro di Morrone. Man sagt, die Wahl sei aus Rache für dessen Brief erfolgt. Als di Morrone die Nachricht überbracht wurde, reagierte der nicht eben begeistert. Er floh vielmehr und konnte erst durch intensives Zureden dazu gebracht werden, die Wahl anzunehmen. Doch der als Einsiedler bekannte Geistliche blieb weiter störrisch. Rom betrat er nie, seine Amtseinführung fand am 29. August in einer von ihm gegründeten Kirche in der italienischen Stadt L'Aquila statt.

Pietro di Morrone, der den Namen Coelestin V. annahm, wurde in dem Amt nicht glücklich. Er hatte zu wenig Erfahrung, war alt und zudem wenig gebildet. Das alles reichte zur Führung der Kirche nicht aus, die eigentliche Macht übernahm sein deutlich erfahrenerer Berater, der später selbst zum Papst gewählt wurde. Coelestin V. wollte schon nach kürzester Zeit die Bürde des Amtes wieder loswerden. Er erkundigte sich, ob er zurücktreten dürfe, und tat es trotz großer Widerstände schließlich am 13. Dezember desselben Jahres – da war er nicht einmal ein halbes Jahr Papst.

Seitdem hatte so etwas kein Papst mehr gewagt. Wenn Päpste lebend aus dem Amt schieden, dann unfreiwillig, und auch solche Fälle sind äußerst selten. Zuletzt geschah das im Rahmen des

Konzils von Koblenz, das von 1414 bis 1418 dauerte. Damals erhoben mit Gregor XII., Benedikt XIII. und dem Gegenpapst Johannes XXIII. gleich drei Männer Anspruch auf den Heiligen Stuhl – am Ende verloren sie alle ihr Amt.

Doch der erste im 21. Jahrhundert gewählte Papst ließ sich nicht von seinem Entschluss abbringen. Der 28. Februar war der letzte offizielle Arbeitstag Benedikt XVI. In Rom traf er sich noch einmal mit den Kardinälen, verabschiedete sich von jedem einzelnen der nicht weniger als 144 Würdenträger mit einem Handschlag und persönlichen Bemerkungen. »Eure Nähe und euer Rat waren in meiner Amtszeit eine große Hilfe«, sagte er zum Schluss.

Auch an die Gläubigen wandte er sich ein letztes Mal. Benedikt XVI. betrat den Balkon des Vatikans und dankte den Menschen für ihre Liebe und Unterstützung. Ab heute Abend, so seine Worte, sei er kein Pontifex mehr, sondern nur noch ein Pilger. Er wolle aber auch in Zukunft für das Wohl der katholischen Kirche arbeiten. Dann zog er sich in seine Amtsräume zurück.

Am Nachmittag schließlich verließ der Papst den Vatikan auf dem Luftweg. Die Glocken des Petersdoms läuteten, als er gegen 17 Uhr in einen Hubschrauber stieg, der ihn zur päpstlichen Sommerresidenz Castel Gandolfo flog. Dort endete die offizielle Amtszeit dann damit, dass sich um 20 Uhr die Schweizergarde zurückzog, die traditionell die Leibwache des Papstes übernimmt. Mit diesem Moment befand sich die katholische Kirche nun in der sogenannten Sedisvakanz, einer Zeit, in der der Stuhl Petri nicht besetzt ist.

DIE REAKTIONEN

Der Rücktritt des Papstes war ein außergewöhnlicher Akt, der in der ganzen Welt Reaktionen auslöste. Die Stimmen reichten von purem Erstaunen bis hin zu Bestürzung. Er sei überrascht und geschockt, erklärte etwa Italiens Ministerpräsident Mario Monti. »Ich bin sehr erschüttert über diese unerwartete Nachricht.« Vor allem, weil es vorher keine Anzeichen oder Signale für diese Entscheidung gegeben habe. UN-Generalsekretär Ban Ki Moon würdigte die Arbeit des Papstes, vor dem er großen Respekt habe.

Benedikt XVI. werde von Millionen Menschen als spirituelle Leitfigur vermisst werden, bedauerte der britische Premierminister David Cameron. Frankreichs Staatspräsident François Hollande würdigte den Papst für seine mutige Entscheidung. Er enthielt sich aber sonst jedes Kommentars. »Es ist eine menschliche Entscheidung, und der Wunsch dieses Menschen muss respektiert werden.« US-Präsident Barack Obama wünschte der katholischen Kirche schlicht und einfach alles Gute bei der Suche nach einem Nachfolger.

In Deutschland meldete sich der Bundespräsident deutlich bewegt zu Wort. Joachim Gauck sagte, dass für eine Entscheidung von solch historischem Ausmaß »großer Mut und Selbstreflexion« nötig seien. Benedikt XVI. verdiene für beides außerordentlichen Respekt. »Sein Glaube, seine Weisheit und seine menschliche Bescheidenheit haben mich tief beeindruckt.« Der scheidende Papst habe vielen Menschen Orientierung und Ermutigung zum Glauben gegeben.

Bundeskanzlerin Angela Merkel dankte dem Papst für seine Arbeit. Auch sie sprach von allerhöchstem Respekt für die Entscheidung. »Benedikt XVI. ist und bleibt einer der bedeutendsten religiösen Denker unserer Zeit.« Wenn er sich zu schwach für die Erfüllung seiner vielen Aufgaben fühle, müssen die Gläubigen das respektieren. »In unserem Zeitalter immer längeren Lebens werden viele Menschen nachvollziehen können, wie sich auch der Papst mit den Bürden des Alterns auseinandersetzen muss.«

Der ehemalige bayerische Ministerpräsident Edmund Stoiber bezeichnete den in Oberbayern geborenen Papst sogar als »größten Sohn Bayerns« in der mehr als tausendjährigen Geschichte des Landes. Er habe die Menschen in aller Welt begeistert, so der jetzige bayerische Ministerpräsident Seehofer. Deutschland und Bayern hätten Benedikt XVI. »unendlich viel zu verdanken«.

Neben vielen Politikern äußerten sich Weggefährten des Papstes und Geistliche aller Glaubensrichtungen. Max Seckler sah in dem Rücktritt ein Zeichen der Größe des Kirchenoberhaupts. »Er stärkt damit die Auffassung, dass ein Papst aufhören soll, wenn es ihm die Gesundheit gebietet«, so der langjährige Freund Ratzingers. »Er hat sehr gelitten unter manchen Dingen, die dieses Amt mit sich bringt. Man kann sich schwer vorstellen, welche Intrigen es da in Rom gibt, mit denen er sich rumschlagen muss. Das hat ihn sehr belastet, weil er ja ein Theologe ist und ein edler Mensch.«

»Wir haben heute Morgen mit schwerem Herzen, aber großem Verständnis die Entscheidung des Papstes aufgenommen, die Bürden des Amtes als Bischof von Rom abzulegen, ein Amt, das er mit großer Würde, Einsicht und Mut ausgefüllt hat«, erklärte Justin Welby, Erzbischof von Canterbury und Oberhaupt der anglikanischen Kirche. »Wir beten, dass Gott ihn im Ruhestand mit Gesundheit und Frieden beschenkt, und wir vertrauen die dem Heiligen Geist an, die nun die Verantwortung übernehmen, seinen Nachfolger zu wählen.«

Auch die evangelische Kirche drückte ihren tiefen Respekt aus. »Dass Papst Benedikt, der im 86. Lebensjahr steht, von sich aus das Amt abgibt, empfinde ich als bewegend, und es erfüllt mich mit großem Respekt«, erklärte der ehemalige Präses der Evangelischen Kirche im Rheinland und Vorsitzender des Rates der Evangelischen Kirche in Deutschland, Nikolaus Schneider. Erzbischof Robert Zollitsch, Vorsitzender der Deutschen Bischofskonferenz, sprach von »einer großen menschlichen und religiösen Geste«. Und er ergänzte: »In der Stunde, in der seine Kräfte zu gering werden, um der Kirche den erforderlichen Dienst zu erweisen, legt er dieses Amt zurück in Gottes Entscheiden.«

Der israelische Oberrabbiner Yona Metzger würdigte die Verdienste von Benedikt XVI. im Hinblick auf den Dialog zwischen den großen Religionen. »Während seiner Amtszeit gab es die besten Beziehungen zwischen der Kirche und dem Oberrabbinat. Wir hoffen, dass sich das fortsetzt. Er verdient ein hohes Ansehen für den Ausbau der interreligiösen Verbindungen zwischen Judentum, Christentum und Islam.«

Auch von islamischer Seite wurde der Papst gewürdigt. Aiman Mazyek, Vorsitzender des Zentralrats der Muslime, lobte die Papstrede im Deutschen Bundestag, sie sei beeindruckend gewesen. Mit seinen Besuchen in der Blauen Moschee in Istanbul und im Libanon hätte er zudem deutlich gemacht, »dass nach anfänglichen Irritationen Papst Benedikt den Muslimen hohen Respekt entgegenbringt und dem interreligiösen Dialog einen großen Stellenwert beimisst«.

Kritische Äußerungen waren selten. Nur wenige drückten ihren Unmut so deutlich aus wie Volker Beck. Der Parlamentarische Geschäftsführer der Grünen-Bundestagsfraktion schrieb auf seiner Facebook-Seite: »Das Pontifikat von Papst Benedikt XVI. war eine verpasste Chance. Unter ihm ist die katholische Kirche teilweise wieder hinter Erneuerungen durch das Zweite Vatikanische Konzil zurückgefallen, beispielsweise durch die Aufhebung der Exkommunikation der antisemitisch ausgerichteten Piusbruderschaft.« Papst Benedikts Äußerungen gegen Homosexualität wertete Beck sogar als Angriff auf den Verfassungsstaat und die Menschenrechte. »Von seinem Nachfolger erwarten wir, dass er sich seiner Verantwortung im Umgang mit Juden, Muslimen, Homosexuellen und Frauen bewusst ist und Gesellschaften hier nicht mehr spaltet, sondern eint.«

Der polnische Intellektuelle Adam Boniecki sprach dagegen aus, was viele beim Gedanken an einen kränkelnden Papst lieber nicht sagten: »Ich denke, er wollte keine Wiederholung der dramatischen letzten Monate des Pontifikats von Johannes Paul II.

Man muss Benedikt dankbar sein, dass er gezeigt hat, wie sich das Problem von Amt, Alter und Schwäche in großem Glauben lösen lässt.«

DIE ZEIT DER SPEKULATIONEN

Benedikt XVI. hatte kaum den Vatikan verlassen, als neben den Spekulationen über seinen Rücktritt eine neue Frage die Medien beherrschte: Wer tritt seine Nachfolge an? Hinzu kam eine weitere Frage: Woher kommt der Neue? Denn nach zwei Päpsten aus Nordeuropa – Polen und Deutschland – sei es nun an der Zeit für einen Pontifex aus einer anderen Region der Welt. Ein Afrikaner vielleicht, jemand aus Nordamerika oder ein Asiate. Vielleicht könnte auch Italien wieder Hausmacht im Vatikan werden. Die Spekulationen erreichten schnell unchristliche Ausmaße: Buchmacher nahmen Wetten auf den neuen Papst an. Schnell kristallisierten sich die Favoriten heraus. Einer von ihnen würde es werden, da waren sich alle sicher.

Viele tippten auf Kardinal Peter Turkson aus Ghana. Schließlich leben 15 Prozent aller Katholiken in Afrika. Während die Kirche in der Krise steckt, wächst sie auf diesem Kontinent weiter. Kein Wunder also, dass immer wieder ein afrikanischer Papst im Gespräch war.

Peter Turkson wurde 2003 noch von Johannes Paul II. zum ersten Kardinal aus Ghana geweiht. Seit 2009 steht er an der Spitze des päpstlichen Rates für Gerechtigkeit und Frieden und repräsentiert das soziale Gewissen der Kirche. Er hat viele Länder der Welt besucht und konnte dabei zahlreiche wichtige Kontakte knüpfen. Turkson gilt zudem als volksnah und redegewandt. Außerdem ist er für einen Papstkandidaten mit 64 Jahren noch ziemlich jung – auch im Vergleich zu dem 80-jährigen nigerianischen Kardinal Francis Arinze ein Vorteil.

Teil 2: Der Papst

Turkson gilt als Mann der Mitte. Er ist weder besonders konservativ noch fortschrittlich. Wichtig ist ihm nach eigener Aussage eine globale Finanzreform.

Ein weiterer aussichtsreicher Kandidat war der Kanadier Marc Ouellet. Der Frankokanadier war Erzbischof in Quebec und galt als besonders »papsttauglich«, weil ihm schon Benedikt XVI. viele Schlüsselfunktionen übertrug. Als Präfekt der Bischofskongregation hatte er Kontakt zu Bischöfen in aller Welt, kannte ihre jeweilige Situation. Er wurde zuvor schon vom Papst immer wieder mit heiklen Aufgaben betraut – unter anderem mit einem Reue-Gottesdienst während der Missbrauchskonferenz 2012 an der Päpstlichen Universität Gregoriana. Zudem bewies Ouellet mit seiner Zuständigkeit für Lateinamerika seine Wichtigkeit als Repräsentant der Weltkirche.

Ebenso wie Turkson zählte der 68-Jährige zu den jüngeren Kandidaten. Der Kosmopolit gilt in theologischen Fragen als sehr konservativ und argumentierte öffentlich strikt gegen Abtreibung und Homo-Ehe.

Odilo Pedro Scherer wurde ähnlich häufig genannt: Der 63-jährige Brasilianer war einer der jüngsten Favoriten. Kardinal Scherer ist seit 2007 Erzbischof der Metropole São Paulo und Vorsitzender der Brasilianischen Bischofskonferenz. Er gilt als aufgeschlossen, nicht ausgesprochen konservativ. Der Mann, dessen familiäre Wurzeln im Saarland liegen, setzt sich vor allem für mehr Verantwortung von Laien in der katholischen Kirche ein. Besonders wichtig bei seiner Arbeit ist ihm die Betreuung der Armen, die er in die Seelsorge einzubeziehen versucht. Sein Vorteil wurde darin gesehen, dass er in Roms Kurie als Angehöriger von sechs Räten oder Kongregationen gut eingeführt ist. Gegen ihn sprach aber die rasant wachsende Zahl der Protestanten in Brasilien.

Der Europäer unter den Favoriten war Angelo Scola, Erzbischof von Mailand. Ihm räumte man besonders große Chancen ein. Schon 2005 galt er als wichtigster Konkurrent des späteren Benedikt XVI. Der 71-jährige ist seit 2011 als Patriarch der mit fünf Millionen Katholiken zahlenmäßig größten Diözese der Welt im Amt.

Scola war einer der wichtigsten Berater des Papstes, Benedikt fühlte sich dem Kardinal eng verbunden. Scola ist ein Intellektueller, war Rektor der Päpstlichen Lateranuniversität. Der Kardinal ist aber auch dafür bekannt, dass er in einfachen Worten für jedermann verständlich spricht. Scola steht der Laienbewegung »Comunione e Liberazione« nahe und engagiert sich international für den Dialog mit dem Islam.

Ergänzt wurde die Favoritenliste von zwei weiteren Kandidaten, denen aber eher Außenseiterchancen gegeben wurden. Kardinal Timothy Dolan aus New York war einer der Getreuen Benedikts XVI., beide teilten die gleichen Ansichten. Dolan gibt sich jedoch als umgänglicher und volksnäher.

Und dann gab es noch Luis Antonio Tagle, Erzbischof von Manila und seit vergangenem Jahr im Kardinalsstand. Er galt als Hoffnungsträger der Weltkirche. Ein Mann von gerade einmal 55 Jahren, mediengewandt und beliebt, dynamisch und charismatisch. Vor allem ihm traute man es zu, dass er die notwendigen Reformen in der Kirche anschiebt.

Einer stand auf keiner Liste: Jorge Mario Bergoglio.

DAS KONKLAVE

In dem Moment, als Benedikt XVI. in Castel Gandolfo eintraf und seine Leibwache sich zurückzog, ging am 28. Februar um 20 Uhr die Leitung der Kirche an das Kardinalskollegium über – so wie es die Regeln für die Sedisvakanz, die papstlose

Zeit, vorschreiben. Das Kollegium umfasst die Gesamtheit aller Kardinäle, die im Normalfall den Papst bei der Leitung der Kirche unterstützen.

Die leitende Aufgabe während der Sedisvakanz gibt den Kardinälen jedoch keine absolute Entscheidungsfreiheit. Ihre Befugnisse sind deutlich begrenzt: Es geht um Verwaltungsaufgaben und Entscheidungen, die sich nicht aufschieben lassen. Alles andere muss warten, bis es einen neuen Papst gibt. Die entscheidende Aufgabe des Kardinalskollegiums besteht daher in den Vorbereitungen für die Wahl des neuen Kirchenoberhauptes. In der Zwischenzeit treffen sich die Kardinäle täglich zu der Generalkongregation, bei der sie anliegende Themen besprechen.

Benedikt XVI. hatte noch zwischen seiner Rücktrittserklärung und seinem endgültigen Ausscheiden für eine neue Regel im Hinblick auf die anstehende Wahl gesorgt. Am 22. Februar erließ er ein Apostolisches Schreiben, das »Motu proprio Normas nonnullas«.

Darin werden einige Bestimmungen der Papstwahl verändert. Vor allem ging es darum, die Zeit der aufgeschobenen Entscheidungen möglichst kurz zu halten. Zuvor war überlegt worden, ob die Wahl eines Nachfolgers nicht auch schon vor den üblichen 15 bis 20 Tagen nach dem Beginn der Sedisvakanz beginnen könnte. Die bisherige Regel besagte, dass mindestens 15 Tage auf die noch nicht angereisten Kardinäle gewartet werden musste. Gab es schwerwiegende Gründe für die Verspätung, konnte das Kardinalskollegium die Frist sogar auf 20 Tage verlängern. Mit seinem Schreiben erlaubte der scheidende Papst dem Kardinalskollegium nun ausdrücklich, dass der Beginn des Konklaves vorgezogen werden kann, wenn alle wahlberechtigten Kardinäle anwesend sind.

Außerdem vereinfachte Benedikt XVI. die Bestimmungen im Hinblick auf die zur Wahl eines neuen Papstes notwendige Zweidrittelmehrheit – er strich einfach eine Regel für den Fall einer nicht glatten Zweidrittelmehrheit, um den Wahlprozess nicht unnötig in die Länge zu ziehen. Zusätzlich änderte er das Strafmaß für die Verletzung der Verschwiegenheitspflicht durch Vatikanmitarbeiter während des Konklaves. Statt der schweren Strafen, über die der neue Papst zu entscheiden hatte, mussten allzu gesprächige Mitarbeiter nun mit ihrer Exkommunikation rechnen. Am 25. Februar traten die überarbeiteten Regeln in Kraft, und am 8. März traf das Kardinalskollegium eine Entscheidung: Das Konklave, die Versammlung der Kardinäle zur Papstwahl, sollte am 12. März beginnen.

Und so geschah es: Eröffnet wurde das Konklave mit einer Heiligen Messe, der »Messe für die Wahl des Bischofs von Rom«, im Petersdom. Kardinaldekan Angelo Sodano führte die Messfeier. Benedikt XVI. hatte zuvor mit seinem Schreiben »Normas nonnullas« die bis dahin nur für wahlberechtigte Kardinäle bestehende Teilnahmepflicht auf alle Kardinäle erweitert. Er selbst jedoch nahm an der Messe nicht teil. Um 16 Uhr 30 schließlich zogen die Kardinäle in einer feierlichen Prozession von der Paulinischen Kapelle in die Sixtinische Kapelle und legten den Eid ab. Alle nicht am Konklave Beteiligten wurden dann durch das zeremonielle »Extra omnes« ausgeschlossen.

Stimmberechtigt waren bei der Wahl insgesamt 117 Kardinäle. Die Voraussetzung für die Teilnahme bestand darin, dass ein Kardinal am Tag vor dem Rücktritt des Papstes das 80. Lebensjahr noch nicht vollendet hatte. Wer ab dem 28. Februar 1933 geboren war, durfte wählen – wer am 27. Februar 1933 oder vorher zur Welt gekommen war, dagegen nicht.

Das war auch der Grund, aus dem Giovanni Battista Re als höchstrangiger wahlberechtigter Kardinalbischof das Konklave leitete. Die Kardinäle Sodano und Etchegaray standen zwar in der kirchlichen Hierarchie über ihm, hatten jedoch das Wahlalter bereits überschritten.

Ein Überblick zeigt, dass es sich um Teilnehmer von allen Kontinenten handelte, die europäischen Kardinäle jedoch in der

Mehrzahl waren. Allein 28 von ihnen besaßen die italienische Staatsbürgerschaft – eigentlich ein gutes Zeichen für Angelo Scola, den Erzbischof von Mailand und einen der Wahlfavoriten.

Name	Land	Kontinent	Alter Stichtag: 27. Februar 2013
Santos Abril y Castelló	Spanien	Europa	77
Geraldo Majella Agnelo	Brasilien	Lateinamerika	79
George Alencherry	Indien	Asien	67
Angelo Amato	Italien	Europa	75
Carlos Amigo Vallejo	Spanien	Europa	78
Ennio Antonelli	Italien	Europa	76
Audrys Bačkis	Litauen	Europa	76
Angelo Bagnasco	Italien	Europa	70
Philippe Barbarin	Frankreich	Europa	62
Jorge Mario Bergoglio	Argentinien	Lateinamerika	76
Giuseppe Bertello	Italien	Europa	70
Tarcisio Bertone	Italien	Europa	78
Giuseppe Betori	Italien	Europa	66
Josip Bozanić	Kroatien	Europa	63
Seán Brady	Irland	Europa	73
João Braz de Aviz	Brasilien	Lateinamerika	65
Raymond Leo Burke	Vereinigte Staaten	Nordamerika	64
Carlo Caffarra	Italien	Europa	74
Domenico Calcagno	Italien	Europa	70
Antonio Cañizares Llovera	Spanien	Europa	67
Juan Luis Cipriani Thorne	Peru	Lateinamerika	69
Francesco Coccopalmerio	Italien	Europa	74
Thomas Collins	Kanada	Nordamerika	66
Angelo Comastri	Italien	Europa	69
Paul Josef Cordes	Deutschland	Europa	78
Raymundo Damasceno Assis	Brasilien	Lateinamerika	76
Godfried Danneels	Belgien	Europa	79
Velasio De Paolis	Italien	Europa	77
Daniel DiNardo	Vereinigte Staaten	Nordamerika	63
Ivan Dias	Indien	Asien	76
Timothy Dolan	Vereinigte Staaten	Nordamerika	63
Dominik Duka	Tschechien	Europa	69
Stanisław Dziwisz	Polen	Europa	73

Willem Jacobus Eijk	Niederlande	Europa	59
Péter Erdő	Ungarn	Europa	60
Francisco Javier Errázuriz Ossa	Chile	Lateinamerika	79
Raffaele Farina	Italien	Europa	79
Fernando Filoni	Italien	Europa	66
Francis George	Vereinigte Staaten	Nordamerika	76
Oswald Gracias	Indien	Asien	68
Zenon Grocholewski	Polen	Europa	73
James Michael Harvey	Vereinigte Staaten	Nordamerika	63
Cláudio Hummes	Brasilien	Lateinamerika	78
Walter Kasper	Deutschland	Europa	79
Kurt Koch	Schweiz	Europa	62
Giovanni Lajolo	Italien	Europa	78
Karl Lehmann	Deutschland	Europa	76
William Joseph Levada	Vereinigte Staaten	Nordamerika	76
Nicolás de Jesús López Rodríguez	Dominikanische Republik	Lateinamerika	76
Roger Michael Mahony	Vereinigte Staaten	Nordamerika	77
Lluís Martínez Sistach	Spanien	Europa	75
Reinhard Marx	Deutschland	Europa	59
Joachim Meisner	Deutschland	Europa	79
Laurent Monsengwo Pasinya	Demokratische Republik Kongo	Afrika	73
Manuel Monteiro de Castro	Portugal	Europa	74
Francesco Monterisi	Italien	Europa	78
Antonios Naguib	Ägypten	Afrika	77
Wilfrid Fox Napier	Südafrika	Afrika	71
Attilio Nicora	Italien	Europa	75
John Njue	Kenia	Afrika	68
Kazimierz Nycz	Polen	Europa	63
Edwin Frederick O'Brien	Vereinigte Staaten	Nordamerika	73
Sean Patrick O'Malley	Vereinigte Staaten	Nordamerika	68
Anthony Olubunmi Okogie	Nigeria	Afrika	76
John Onaiyekan	Nigeria	Afrika	69
Jaime Ortega	Kuba	Lateinamerika	76
Marc Ouellet	Kanada	Nordamerika	68
George Pell	Australien	Australien	71
Polycarp Pengo	Tansania	Afrika	68
Jean-Baptiste Phạm Minh Mẫn	Vietnam	Asien	78
Mauro Piacenza	Italien	Europa	68
Severino Poletto	Italien	Europa	79
José da Cruz Policarpo	Portugal	Europa	77

Vinko Puljić	Bosnien und Herzegowina	Europa	67
Béchara Pierre Raï	Libanon	Asien	73
Albert Malcolm Ranjith	Sri Lanka	Asien	65
Gianfranco Ravasi	Italien	Europa	70
Giovanni Battista Re	Italien	Europa	79
Jean-Pierre Ricard	Frankreich	Europa	68
Justin Francis Rigali	Vereinigte Staaten	Nordamerika	77
Norberto Rivera Carrera	Mexiko	Lateinamerika	70
Francisco Robles Ortega	Mexiko	Lateinamerika	63
Franc Rodé	Slowenien	Europa	78
Oscar Andrés Rodríguez Maradiaga	Honduras	Lateinamerika	70
Paolo Romeo	Italien	Europa	75
Antonio María Rouco Varela	Spanien	Europa	76
Stanisław Ryłko	Polen	Europa	67
Rubén Salazar Gómez	Kolumbien	Lateinamerika	70
Juan Sandoval Íñiguez	Mexiko	Lateinamerika	79
Leonardo Sandri	Argentinien	Lateinamerika	69
Robert Sarah	Guinea	Afrika	67
Paolo Sardi	Italien	Europa	78
Théodore-Adrien Sarr	Senegal	Afrika	76
Odilo Pedro Scherer	Brasilien	Lateinamerika	63
Christoph Schönborn	Österreich	Europa	68
Angelo Scola	Italien	Europa	71
Crescenzio Sepe	Italien	Europa	69
Luis Antonio Tagle	Philippinen	Asien	55
Jean-Louis Tauran	Frankreich	Europa	69
Julio Terrazas Sandoval	Bolivien	Lateinamerika	76
Dionigi Tettamanzi	Italien	Europa	78
Isaac Cleemis Thottunkal	Indien	Asien	53
John Tong Hon	China	Asien	73
Telesphore Placidus Toppo	Indien	Asien	73
Jean-Claude Turcotte	Kanada	Nordamerika	76
Peter Turkson	Ghana	Afrika	64
Jorge Liberato Urosa Savino	Venezuela	Lateinamerika	70
Agostino Vallini	Italien	Europa	72
Antonio Maria Vegliò	Italien	Europa	75
Raúl Eduardo Vela Chiriboga	Ecuador	Lateinamerika	79
Giuseppe Versaldi	Italien	Europa	69
André Vingt-Trois	Frankreich	Europa	70

Rainer Maria Woelki	Deutschland	Europa	56
Donald Wuerl	Vereinigte Staaten	Nordamerika	72
Gabriel Zubeir Wako	Sudan	Afrika	72

Quelle der Tabelle: Wikipedia

DER UNERWARTETE

Viele Favoriten, viele Stimmberechtigte – fast alle Beobachter erwarteten ein langes Konklave. Und genau danach sah es anfangs auch aus. Nach dem ersten Wahlgang stieg am 12. März um 19 Uhr 41 schwarzer Rauch aus der Sixtinischen Kapelle auf. Das wiederholte sich auch nach dem dritten Wahlgang am 13. März um 11 Uhr 38 – kein Kandidat erreichte die notwendige Mehrheit.

Doch das änderte sich noch am selben Tag. Weißer Rauch um 19 Uhr 06, ein Papst war gewählt. Im fünften Wahlgang erreichte der in Europa weitgehend unbekannte Jorge Mario Bergoglio die nötige Zweidrittelmehrheit. »Habemus papam« verkündete schließlich um 20 Uhr 13 der französische Kardinalprotodiakon Jean-Louis Tauran auf der Benediktionsloggia, dem Mittelbalkon des Petersdoms: Wir haben einen Papst! Gegen 20 Uhr 22 zeigte sich der neue Papst. Er hielt seine mittlerweile weltbekannte Ansprache und erteilte zum Abschluss den Segen urbi et orbi.

Was nach außen so überraschend wirkte, war für die Beteiligten jedoch allem Anschein nach früh abzusehen, wie das Nachrichtenmagazin *Der Spiegel* berichtete. Darin erzählt ein ungenannter deutscher Kardinal von den Vorgängen vor und während des Konklaves. Schon im sogenannten Vorkonklave hat Bergoglio demnach mit »zwei beachtlichen Redebeiträgen« auf sich aufmerksam gemacht. Dabei habe er über die Notwendigkeit gesprochen, sich von allem Karrieredenken zu befreien.

»Das beste, was ich an Beiträgen gehört habe«, zitiert das Magazin den Kardinal. Nach diesen Beiträgen hätten sich die Stimmberechtigten genauer über den Mann aus Argentinien informiert. Dabei habe sich herausgestellt, das Bergoglio politisch unabhängig und durch die Vergangenheit seiner Heimat auch krisenerprobt ist. Beeindruckt habe auch Bergoglios erkennbare Skepsis gegenüber dem kirchlichen Rom.

Doch nicht alle waren gleich so beeindruckt. Laut *Der Spiegel* setzte der mächtige Kardinalstaatssekretär Tarcisio Bertone zunächst auf Odilo Scherer aus Brasilien. Für den hätten auch die Kardinäle Angelo Sodano und Giovanni Re geworben. Diese mächtige Clique wiederum galt als Gegner von Angelo Scola, der vor der Wahl zumindest in den Wettbüros hoch gehandelt wurde.

Als dann tatsächlich die erste Wahl anstand, war von den Favoriten jedoch kaum noch die Rede. Bergoglio habe bei jedem Wahlgang mehr Stimmen erhalten. Spätestens nach dem dritten Wahlgang soll klar gewesen sein, dass weder Scola noch Scherer gewinnen konnten. Als Kompromisskandidat wurde nun Kardinal Patrick O'Malley aus Boston ins Feld geführt, der sich aber nicht gegen die Stimmen vor allem der afrikanischen Bischöfe durchsetzen konnte. Im fünften Wahlgang schließlich soll Bergoglio weit mehr als die erforderlichen 77 Stimmen erhalten haben. Und diesmal trat er nicht wie 2005 zurück in die zweite Reihe, um einem anderen die Wahl zu ermöglichen – er ließ sich wählen.

DER NAME FRANZISKUS

Nimmt ein Papst nach seiner Wahl einen neuen Namen an, dann tut er das meist in der Tradition seiner Vorgänger. Benedikt XVI. war der sechzehnte in einer langen Reihe gleichnamiger Päpste, beim Namen Johannes reicht die Zählung gar bis XXIII., also bis zum dreiundzwanzigsten.

Für Jorge Mario Bergoglio war das keine Option, er suchte einen Namen, der zu seinem Wirken passte. Der ehemalige Erzbischof wollte Franziskus heißen. Nicht Franziskus I., sondern einfach nur Franziskus – ohne die römische Zahl am Ende.

Wie es dazu kam, berichtete er am 16. März bei seiner ersten Audienz für Medienvertreter, die ihn natürlich danach fragten. »Ich erzähle Ihnen eine Geschichte«, begann er. »Bei der Wahl saß neben mir der emeritierte Erzbischof von São Paulo und frühere Präfekt der Kongregation für den Klerus, Kardinal Cláudio Hummes – ein großer Freund, ein großer Freund! Als sich die Sache etwas zuspitzte, hat er mich bestärkt. Und als dann die Stimmen zwei Drittel erreichten, erscholl der übliche Applaus, da der Papst gewählt war. Er umarmte und küsste mich, und er sagte: ›Vergiss die Armen nicht!‹ Da setzte sich dieses Wort in mir fest: die Armen, die Armen. Sofort habe ich dann in Bezug auf die Armen an Franz von Assisi gedacht.«
Manche Wahlbeobachter hatten bis dahin noch gedacht, Franziskus beziehe sich auf den Heiligen Franz Xaver, einen Mitbegründer des Jesuitenordens. Oder auf Franz von Sales, den einstigen Fürstbischof von Genf und Patron der Schriftsteller. Doch Bergoglio gingen während des Konklaves in der Sixtinischen Kapelle andere Gedanken durch den Kopf.
»Dann habe ich an die Kriege gedacht, während die Auszählung voranschritt bis zu allen Stimmen. Franziskus ist der Mann des Friedens. So ist mir der Name ins Herz gedrungen: Franz von Assisi.« Der sei für ihn auch der Mann der Armut und der Mann, der die Schöpfung liebt und bewahrt. Denn auch das ist ihm wichtig: »Gegenwärtig haben auch wir eine nicht sehr gute Beziehung zur Schöpfung, oder? Er ist der Mann, der uns diesen Geist des Friedens gibt, der Mann der

Armut. Ach, wie möchte ich eine arme Kirche für die Armen!« Gerade dieser letzte Satz steht seit jenem Tag wie ein Symbol für die beginnende Amtszeit des Papstes Franziskus.

Dabei hätte gar nicht viel gefehlt, und aus Bergoglio wäre doch ein Papst mit einer zweistelligen römischen Ziffer hinter dem Namen geworden. Denn er erzählte auch, dass einige ihm – scherzhaft – zum Namen Clemens XV. geraten haben. Damit könne er sich an Clemens XIV. rächen, sagten die – der war es schließlich, der im Jahr 1773 auf Druck der Könige die Aufhebung des Jesuitenordens durchsetzte. Auch der Name Hadrian machte wohl die Runde. Schließlich erhoffen sich viele, dass der neue Papst Reformen durchsetzt, und Hadrian VI. war ein Reformer: Als Papst versuchte Hadrian VI. in den Jahren 1522 und 1523 die drohende Spaltung der Kirche durch die protestantische Reformation mit einer grundlegenden Reform der Kirche abzuwenden, was ihm allerdings nicht gelang.

Dass ein Papst überhaupt einen anderen Namen annimmt, ist seit rund einem Jahrtausend üblich. Vorher behielten einige ihren Taufnamen, andere änderten ihn. Der erste Fall einer Namensänderung ist aus dem Jahr 533 überliefert: Damals benannte sich der geborene Mercurius in Johannes II. um. Er hielt es für unpassend, dass ein Mann der Kirche den Namen einer römischen Gottheit trägt. Gemeint ist Mercurius, im Deutschen Merkur, der Gott der Händler und vor allem der Beschützer des Kornhandels.

Genau umgekehrt erging es Petrus Canepanova, als er 983 Papst wurde. Er trug nicht den Namen einer fremden Gottheit, seine Eltern hatten ihr Kind vielmehr nach dem Apostel Petrus benannt. Der Jünger Jesu ist für die katholische Kirche der erste Bischof von Rom, also der erste Papst. Canepanova sah sich nicht als würdig genug an, um ebenfalls den Namen Papst Petrus zu tragen und nannte sich daher Johannes XIV.

Die Namensänderung eines Papstes soll aber nicht nur Unpassendes beseitigen, sie steht auch dafür, dass der Gewählte als Vertreter Gottes auf Erden ein anderer ist. Doch auch diese Tradition ist wohl gebrochen: Denn Franziskus wählte den Namen nicht, um sich von dem als Jorge Mario Bergoglio geborenen Menschen abzugrenzen. Er wählte ihn vielmehr, um allen genau zu zeigen, wer er ist und was er will.

Nicht weil Franziskus in der ganzen Welt einer der beliebtesten Heiligen ist, einer, den Angehörige unterschiedlicher Konfessionen verehren. Auch nicht, weil er der Welt seine tiefe Verbundenheit mit Italien zeigen will, wo Franziskus als Schutzpatron des Landes gilt. Die Stellung des Franziskus als Patron der Schiffbrüchigen, der Tapetenhändler und diverser anderer Gruppen hat ebenfalls nicht den Ausschlag gegeben. Auch seinen Vater José Mario Bergoglio wollte der Papst mit der Namenswahl wohl nicht ehren, nur um darauf hinzuweisen, das dessen dritter Vorname Francisco lautete. Vielmehr erkennt der Papst sich selbst in den Ideen und dem Handeln wieder, für das Franziskus steht. Denn Franziskus, das ist Franz beziehungsweise Franziskus von Assisi, der legendäre Bettelmönch, der bis heute so vielen Menschen als Vorbildfigur gilt.

Was ihn zu diesem Vorbild macht, ist vor allem der Wandel, den er in seinem Leben vollzogen hat. Franziskus von Assisi wurde 1181 oder 1182 als Giovanni Battista Bernardone in der italienischen Stadt Assisi geboren. Bald schon wurde er aber nur noch Francesco genannt. Zu den Gründen dafür gibt es verschiedene Theorien: Die eine sagt, dass sein Vater zum Zeitpunkt der Geburt in Frankreich unterwegs war, andere meinen, die Vorliebe der Mutter für alles Französische war der Auslöser.

Woran es keinen Zweifel gibt: Seine Eltern waren äußerst wohlhabende Tuchhändler, Francesco wuchs umgeben von Luxus auf und war ein ziemlich verwöhntes Kind. Er hatte alles und bekam, was immer er sich wünschte. Francesco kannte keinen Geldmangel. Während ärmere Kinder durchgewetzte Kleider älterer Geschwister auftrugen, konnte er sich nach neuestem Geschmack einkleiden. Seine Eltern sorgten zudem dafür, dass er Bildung bekam, das Lesen und das Schreiben lernte. Im Leben des jungen Herrn Bernardone drehte sich alles nur um ihn selbst und die Erfüllung seiner Wünsche. Er kannte keine Grenzen, hielt sich für unbesiegbar. Sein Berufswunsch passte zu diesem Bild: Francesco wollte Ritter werden. So kam es dann auch, zunächst jedenfalls. Kaum 20 Jahre alt, zog er 1202 mit anderen Kämpfern in eine Schlacht gegen die Nachbarstadt von Assisi. Hier musste der arrogante Schnösel in seiner Rüstung erkennen, dass er gar nicht so unbesiegbar war, wie er geglaubt hatte.

Die Truppen seiner Heimat verloren den Kampf, Francesco selbst landete im Kerker. Zwei Jahre saß er dort, bevor er gegen ein Lösegeld seines Vaters freikam. Doch er war nicht mehr der Alte, er war krank, und die Haft hatte ihn verändert. Zwei Jahre später zog er trotzdem noch einmal los, um sich einem Heer anzuschließen – kehrte aber auf halbem Weg wieder um. Gott selbst, so heißt es, soll ihn in einem Traum dazu aufgefordert haben, sein Leben in seinen Dienst zu stellen.

Zurück in Assisi wandte er sich von seinem bisherigen Leben ab und zog sich immer weiter zurück in die Einsamkeit. Er soll einen Leprakranken gepflegt haben, bei einer Wallfahrt nach Rom habe er seine Kleider mit denen eines Bettlers getauscht – um zu verstehen, wie es sich anfühlt, in vollkommener Armut zu leben.

Außerdem hörte er wieder eine Stimme, dieses Mal beim Gebet. Christi Stimme bat ihn, das Haus des Herrn wiederaufzubauen. Francesco interpretierte das als Auftrag zur Renovierung einer kleinen Kapelle in Assisi. Die nötigen Baumaterialien finanzierte er mit dem Verkauf von Stoffen aus dem Geschäft seiner Eltern – was zum endgültigen Bruch mit der Familie führte.

Es kam zu einer Verhandlung wegen des Diebstahl, bei der Francesco vor aller Augen seine Kleider fallen ließ. Er wolle von nun an nicht mehr der Erbe seines Vaters sein, wolle weder Geld noch Kleider von ihm – sein einziger Vater sei der Vater im Himmel. Seitdem lebte er als mitteloser Einsiedler außerhalb der Stadt, bettelte sich das Nötigste zusammen und pflegte zudem Aussätzige.

Der nächste Schritt auf dem Weg des reichen Sohnes Francesco zum Franziskus von Assisi und Namenspatron des Papstes war ein Gottesdienst, bei dem er auf eine Passage des Matthäus-Evangeliums aufmerksam wurde, in der es um die Aussendung der Jünger geht. »Heilt Kranke, weckt Tote auf, macht Aussätzige rein, treibt Dämonen aus! Umsonst habt ihr empfangen, umsonst sollt ihr geben«, heißt es dort. Und: »Steckt nicht Gold, Silber und Kupfermünzen in euren Gürtel« und »Nehmt keine Vorratstasche mit auf den Weg, kein zweites Hemd, keine Schuhe, keinen Wanderstab; denn wer arbeitet, hat ein Recht auf seinen Unterhalt.«

An diesem Tag wurde Francesco endgültig zu dem, den die Menschen bis heute verehren. Er fasste diese Passage als Bestätigung des Wunsches auf, in Armut zu leben und das Wort Gottes zu verkünden.

Für viele Menschen aber wirkte er nun erst recht seltsam. Er kleidete sich in eine schlichte Kutte, trug keine Schuhe und lehnte Geld grundsätzlich ab. Auf der anderen Seite wurden nun auch Menschen auf ihn aufmerksam, die seinen radikalen Weg schätzten. Nach und nach schlossen sich ihm weitere Glaubensbrüder an.

Gemeinsam lebten sie zunächst in einer kleinen Hütte, später schenkte ihnen der Orden der Benediktiner eine kleine Kirche bei Assisi, die er Portiuncula nannte, das kleine Fleckchen. Franziskus und die anderen errichteten neben der Kirche eine notdürftige Unterkunft. Als sich ihnen immer mehr Brüder anschlossen, wurde daraus ein Haus und viel später ein Kloster.

Im Jahr 1209 besuchte die Gruppe Rom, wo sie Papst Innozenz III. um Erlaubnis baten, gemäß ihren selbst auferlegten

Regeln in Armut zu leben und zu predigen – es war die Geburtsstunde des Franziskanerordens. Auch wenn es bis zu dessen endgültiger Bestätigung noch Jahre dauern sollte.

Franziskus blieb aber nicht sein Leben lang in der Heimat. Er zog los, um auch in der Ferne zu predigen und zu missionieren. Etwa 1212 begab er sich auf eine Reise, von der er erst acht Jahre später zurückkehren sollte. Franz von Assisi zog in den Jahren 1213 bis 1215 durch Frankreich und Spanien. Er überquerte sogar das Mittelmeer und erreichte 1219 Palästina, von wo aus er in das Heilige Land wollte und in die damals umkämpfte Stadt Jerusalem.

Als er 1220 zurückkehrte in die Heimat, hatte sich vieles verändert. Er selbst litt unter einer quälenden Augenentzündung, an deren Folgen er in den weiteren Jahren nahezu erblinden sollte. Der Franziskanerorden hatte sich in der Zwischenzeit stark vergrößert und war auch in anderen Ländern vertreten. Von der Einigkeit von einst allerdings war wenig zu spüren, die Ordensbrüder hatten sich zerstritten.

Franziskus von Assisi gab die Leitung des Ordens ab. Vermutlich 1224 und 1225 dichtete er ein Gebet, das Gott für die Schönheit der Schöpfung lobpreist – dieser »Sonnengesang« wurde zu einer seiner bekanntesten Schriften und gilt als eines seiner bedeutendsten Werke. Am 3. Oktober 1226 starb der Bettelmönch in Assisi, bereits zwei Jahre später wurde er heiliggesprochen. Die Geschichte des Franziskus von Assisi wurde nach seinem Tod weitererzählt und ergänzt durch viele Legenden.

Bis heute ist die Verehrung ungebrochen. Papst Johannes Paul II. erklärte ihn noch im Jahr 1980 auch zum Schutzpatron der Ökologen. Der Bettelmönch liebte Tiere und hat in besagtem »Sonnengesang« ja auch die Schöpfung und deren Schönheit begeistert beschrieben.

In welchem Umfang Papst Franziskus Ökologie und Tierschutz zum Thema machen will, darüber hat er nichts gesagt. Aber zur Schöpfung gehören auch die Menschen, die Reichen ebenso wie die Armen und Schwachen – und die sind ganz sicher sein Thema.

DER UNKONVENTIONELLE

Dass sich selbst langjährige Kardinäle nach der Wahl erst noch informieren mussten, wer dieser Mann denn eigentlich ist, zeigt auch, wie wenig Bergoglio mit dem Machtzentrum verbunden ist. Hätten alle von seiner unkonventionellen und auch erfrischenden Art gewusst – wer weiß, vielleicht wäre die Wahl dann anders ausgegangen.

Schließlich dauerte es nur wenige Minuten, bis der Heilige Vater für Verblüffung sorgte. Noch am Wahlabend, ehe er seinen ersten Auftritt auf der Loggia des Petersdoms hatte, versetzte er Zeremonienmeister Guido Marini in der sogenannten Kammer der Tränen, wo sich die neuen Päpste umkleiden, in Erstaunen. Als er dem Papst nämlich das rote Schultermäntelchen, die Mozetta, reichen wollte, soll dieser – so italienische Zeitungen – entgegnet haben: »Das kannst du dir selbst umhängen.« Auch die bereitstehenden roten Schuhe, ein weiterer Bestandteil päpstlicher Kleidung, will er nicht. Wozu auch? Er trägt ja bereits Schuhe, die sind zwar schwarz, aber sie passen immerhin.

Der Zeremonienmeister allerdings mochte sich mit dem ungewohnten Gebaren nicht abfinden. Während draußen alle zur Eile drangen, den neuen Papst möglichst schnell den Gläubigen präsentieren wollten, diskutierte der laut *Der Spiegel* in der Kammer weiter über die Kleidung und die Vorschriften. Die Kardinäle wurden immer unruhiger, ein Diener klopfte an die Tür – ein unmissverständliches Zeichen, dass man nicht mehr warten wollte. Weitere Klopfzeichen folgten, dann endlich trat Jorge Mario Bergoglio hinaus, und jeder konnte erkennen, dass er sich durchgesetzt hatte. Keine roten Schuhe, die schlichte, weiße Soutane ohne Mozetta. So erleben ihn nun die Gläubigen, die im Regen auf die erste Begegnung mit dem neu gewählten Papst gewartet hatten. Einem Papst, der sie freundlich mit »Buona sera!« begrüßt.

Der neue Papst ist seitdem nicht müde geworden, zeigt fast täglich aufs Neue, was er von Konventionen und überkommenen Regeln hält. Schon vor dem Konklave rief er die Argentinier dazu auf, für den Fall seiner – unerwarteten – Wahl nicht nach Rom zu reisen, sondern das Geld besser den Armen zu geben. Dazu soll er seine Landsleute auch schon damals, im Jahr 2001, angehalten haben, als er zum Kardinal ernannt wurde.

Am Abend des 13. März dachte Jorge Mario Bergoglio auch als frisch gewählter Papst nicht daran, von seinem bevorzugten Verkehrsmittel abzusehen: Demonstrativ ließ er die vorgefahrenen Limousinen stehen und fuhr mit seinen bisherigen Kardinalskollegen im Bus statt im »Papamobil« zum Abendessen. Das erzählte später der New Yorker Erzbischof Timothy Dolan.

Vatikansprecher Federico Lombardi bestätigt die Geschichte: »Das Festtagsauto SCV1 war für den Papst vorgefahren, doch er wollte mit allen anderen Kardinälen mit dem Bus fahren. Er wollte so zurückfahren, wie er auch gekommen war – gemeinsam mit den anderen.« Als Jesuit hat er ein Armutsgelübde abgelegt und will sich offenbar auch als Papst daran halten.

Bei dem Abendessen selbst zeigte der Papst, dass er auch Humor hat. Erst dankte er den Kardinälen für seine Wahl, dann sagt er: »Möge Gott euch vergeben, was ihr getan habt.« Fast könnte man meinen, als wüsste er, wie schwer sich manche mit seinem Auftreten taten.

Und am nächsten Morgen ging es im gleichen Stil weiter. Als er den Vatikan verließ, um in der Kirche Santa Maria Maggiore zu beten, ließ er wieder die Staatskarosse des Vatikans mit dem Nummernschild SCV 1 stehen. Schließlich weiß in Rom jedes Kind, dass nur die weltweit etwa 60 Dienstfahrzeuge des Papstes dieses Kennzeichen tragen. SCV für Status Civitatis Vaticanae, für Staat der Vatikanstadt, die 1 für die Nummer eins im Staate. Dem Papst war das zu auffällig – er nahm den Wagen mit dem Nummernschild SCV 3578.

Derart unkenntlich gemacht, ließ sich der Papst ohne die übliche Motorrad-Eskorte zum Gebet zur Basilika fahren. Auf dem Rückweg machte er kurz in dem Gästehaus halt, in dem er vor dem Einzug ins Konklave gelebt hat: Der Papst habe dort dann selbst seine Taschen gepackt und danach selbst seine Rechnung beglichen – ganz so, als habe er ein gutes Beispiel geben wollen.

Dem Papst geht es dabei nicht darum, sich vor der Öffentlichkeit zu verstecken. Er hat seinen eigenen Stil, und den zeigt er auch vor Hunderttausenden Gläubigen, nicht nur bei seiner Antrittsrede, sondern auch bei seinem ersten öffentlichen Angelus-Gebet, das am Sonntagmittag nach der Wahl rund 150 000 Menschen in den Vatikan lockte.

Schon am Morgen des Tages hatte der Papst die heilige Messe in Sant'Anna in Vaticano gefeiert, der Pfarrkirche des Vatikans. Kaum angekommen, winkte er zwei junge Priester zu sich und unterhielt sich mit ihnen. Am Ende des Gottesdienstes bat er dann einen der beiden nach vorne und stellte ihn ausführlich vor. Der junge Priester kümmere sich in seiner Heimat um Straßenkinder, biete ihnen ein Dach über dem Kopf und ermögliche ihnen Schulunterricht. Vielleicht erinnerte der Priester den Papst an seine eigene Jugend, als er im Rahmen seines Noviziats nach Chile reiste und in dem Ort Padre Hurtado lebte. Jenem Ort, der nach einem Geistlichen benannt war, der sein Leben der Hilfe für Obdachlose und Straßenkinder widmete.

Als die Messe beendet war, zog der Papst sich nicht zurück. Im Gegenteil: Als wäre er nur Pfarrer in einer kleinen Gemeinde, stellte er sich an das Kirchenportal, schüttelte jedem Gottesdienstbesucher persönlich die Hand und segnete außerdem die Kinder. Als wäre das nicht genug »neuer Papst«, trat er dann noch vor die Mauern des Vatikans und begrüßte die Menschen auf dem Petersplatz – deren Überraschung lässt sich gut nachvollziehen. Solche Momente mit einem Benedikt XVI.? Kaum vorstellbar.

Pünktlich zum Mittag trat Papst Franziskus dann an das Fenster seines Arbeitszimmers im obersten Stock des Apostolischen Palastes, wünschte einen »guten Tag«. Einmal mehr sprach er nun beim Angelus-Gebet über Barmherzigkeit, das war auch schon am Morgen sein Thema gewesen. »Ein bisschen Barmherzigkeit verändert die Welt, macht sie weniger kühl und gerechter«, sagte er. »Gott wird nie müde, uns zu verzeihen. Das Problem ist, dass wir müde werden, um Vergebung zu bitten.«

Und dann gab er den Menschen noch einen Tipp mit auf den Weg, einen Buchtipp. Zum Thema Barmherzigkeit habe er ein Buch des emeritierten Kurienkardinals Walter Kasper gelesen. Er wolle keine Werbung machen, aber das Buch habe ihm gut gefallen. Den Zuhörern gefiel vor allem der Papst – wann hat vorher mal ein Heiliger Vater etwas gesagt, das die Menschen so amüsierte?

»Schönen Sonntag und guten Appetit«, sagte er schließlich zum Ende des Angelus-Gebetes.

THEMEN UND ANLIEGEN DES PAPSTES

Die ersten Tage und Wochen der Ära Franziskus zeigten einen lockeren und umgänglichen Papst. Doch das Bild des freundlichen älteren Herrn ist nur eine weitere Facette im Gesamtbild des Jorge Mario Bergoglio, ein Puzzlestück, das nur zu leicht den tiefgläubigen Mann und seine wirklichen Überzeugungen verbirgt. Wenn Papst Franziskus über Barmherzigkeit spricht, dann nimmt der aufgeklärte Europäer die Worte zustimmend auf – wartet aber im Grunde darauf, dass der Heilige Vater endlich einmal etwas zu strittigen Themen wie Verhütung, Zölibat und Priestertum der Frauen sagt oder die Skandale der Kirche anreißt. Doch auch Missbrauchs-Skandal oder Vati-leaks-Affäre werden wie die anderen genannten Themen nicht die Amtszeit und das Wirken des Franziskus beherrschen.

Jorge Mario Bergoglio hat europäische Wurzeln, aber er ist kein Europäer. Sein Leben lang hat er sich – fern von Rom – mit Themen beschäftigt und beschäftigen müssen, die in wohl-habenden Ländern nur am Rande diskutiert werden. Schließ-lich sind Elendsviertel, Hunger, Not und Menschenhandel weit weg.

Für den Papst dagegen stehen sie im Mittelpunkt seines Den-kens und daher vermutlich auch im Mittelpunkt seiner Amtszeit.

Um das und ihn zu verstehen, muss man sich noch einmal mit dem Argentinier Bergoglio beschäftigen und mit seinen tat-sächlichen Lebensumständen. Diesmal weniger mit dem rein menschlichen Aspekt, sondern mit dem Geistlichen und dem Umfeld, in dem er mehr als 70 Jahre gelebt und gewirkt hat.

Der Nichteuropäer

Die Wahrung der Menschenrechte ist dem demokratisch er-zogenen Europäer wichtig. Vor allem geht es dabei um das Recht auf freie Meinungsäußerung, die Freiheit an sich und den Schutz vor staatlicher oder anderer Gewalt. Wenn Bergoglio in Argentinien über Menschenrechte redete, ging es jedoch um et-was anderes. »Die Menschenrechte werden auch mit der Armut verletzt. Nicht nur mit Terrorismus, Unterdrückung und Ermor-dungen, sondern auch mit der Existenz extremer Armut«, sagte er im Jahr 2009. »Die soziale Lage verschlechtert sich, und man sieht keine öffentliche Politik, um sie zu verbessern.«

Dass Bergoglio die Politik anprangerte, kam häufig vor – denn gerade der gab er die Schuld an vielen Missständen. Mal sprach er über die Behandlung der Menschen in seiner Heimatstadt Buenos Aires, und dass die Sklaverei in der Stadt heute an der Tagesordnung sei – wogegen zu wenig unternommen würde. An anderer Stelle kritisierte der damalige Erzbischof von Buenos Aires, dass die hohe Staatsverschuldung Argentiniens auf dem Rücken der Armen abbezahlt würde: »Die öffentlichen Schulden sind unmoralisch, ungerecht und unrechtmäßig.« Und wenn das noch nicht ausreichte, nahm er sich in der Öffentlichkeit die Korruption in seinem Land vor: »Für die Mehrheit zählen die Ärmsten nicht«, schloss er solche Anklagen enttäuscht.

Er begann nicht erst damit, deutliche Worte an die Machthaber zu richten, als er als Erzbischof ab 1998 nahezu unangreifbar war. Den inzwischen weithin bekannten Ruf als Anwalt der Armen erwarb er sich schon lange vorher. Wieder und wieder warb und kämpfte er für eine Stärkung staatlicher Sozialprogramme und prangerte die Politik der Marktwirtschaft als Grund für die Verarmung von Millionen Argentiniern an. Auch die im Westen als Erfolgsmodell geltende Globalisierung kümmere sich nach seinen Aussagen nicht um Arme und Alte und auch nicht um die ungleichen Bildungschancen. Nach dem finanziellen Zusammenbruch Argentiniens im Dezember 2001 erhielt Bergoglio viel Lob für seine deutliche Kritik an der Haltung von Politikern, die ihren Parteienstreit und ihre persönlichen Ambitionen über die Probleme des Landes stellten.

So gern und häufig der jetzige Papst die Regierenden auch kritisierte, er tat es nur, wenn es um Belange ging, die ihm wirklich wichtig waren. Zur Tagespolitik dagegen hielt er möglichst Distanz. Obwohl er daher auch selten eine Rolle im Streit zwischen Bischöfen und der argentinischen Regierung spielte, war das Verhältnis zwischen ihm und der hohen Politik oder der Wirtschaft nach seinen beißenden Kritiken trotzdem belastet. Die Staatsoberhäupter und Konzernchefs mochten es überhaupt nicht, wenn er sie wieder einmal wegen der herrschenden Korruption und ihres frivol verschwenderischen Lebenswandels ermahnte.

Das gilt auch für den Expräsidenten Néstor Kirchner und seine Nachfolgerin und Frau Cristina. Das Ehepaar vermied es sogar, am Nationalfeiertag, dem 25. Mai, an der traditionellen Messe Te Deum in der Kathedrale von Buenos Aires teilzunehmen. Sie hatten keine Lust, sich weitere Kritik Bergoglios anhören zu müssen. Denn der nutzte auch diese Messe gerne, um erneut Themen wie »den Exhibitionismus und die schillernden Ankündigungen« der Politiker anzuprangern.

Da er Politiker verschiedenster Couleur ins Visier nahm, wurde häufig gemutmaßt, welcher Seite er eigentlich näher stehen mochte. Bergoglio hielt sich zwar bedeckt. Doch hinter den Kulissen sagt man ihm ein enges Verhältnis zur Politik nach, was so gar nicht zu seiner Zurückhaltung in Äußerungen zur Tagespolitik passt. Wohl aber zu dem Mann mit den vielen Facetten. Tatsächlich soll er dem konservativ geprägten Peronismus zugeneigt sein. Gleichzeitig hat er immer darauf geachtet, auch bei Auftritten in der Öffentlichkeit seine Distanz zu den Regierenden zu wahren und zu zeigen.

Dass viele von denen ihn nicht gerade lieben, zeigt auch eine Szene, die sich in Argentinien während der Papstwahl abgespielt haben soll. Sie wirft ein deutliches Licht auf Bergoglios Verhältnis zu der Regierung des südamerikanischen Landes.

Es ging um jene Augenblicke, als weißer Rauch aus der Sixtinischen Kapelle drang. Tausende Menschen hatten sich auf dem Petersplatz versammelt. Sie und Millionen Menschen weltweit an den Bildschirmen warteten auf die Verkündung des Namens des neuen katholischen Oberhauptes – auch in Argentinien. Dann stand es fest: Kardinal Jorge Mario Bergoglio, Erzbischof von Buenos Aires, war zum Papst gewählt worden und gab sich den Namen Franziskus.

In Italien war es nach 20 Uhr, in Buenos Aires zeigten die Uhren 16 Uhr 20 an. Gerade fand eine Plenarsitzung im Abgeordnetenhaus des argentinischen Kongresses statt. Einige Abgeordnete regten nun begeistert an, die Gedenkreden für den kürzlich verstorbenen venezolanischen Präsidenten Hugo Chávez zu unterbrechen. Sie schlugen vor, dass man sich Franziskus' erste Worte anhören sollte. Schließlich hatte es noch nie ein Sohn des Landes an die Spitze des Vatikans geschafft. Der Parlamentspräsident aus dem Regierungslager lehnte ab.

Wenig später versammelten sich immer mehr Menschen vor der Kathedrale von Buenos Aires, direkt an der Plaza de Mayo. Sie alle waren glücklich über die Nachricht und feierten die Wahl. Ein Argentinier als Papst, da war es vollkommen egal, dass einige noch nie von dem Mann gehört hatten. Viel wichtiger war, dass endlich einmal die ganze Welt auf Argentinien schaute, plötzlich ist man nicht mehr nur eines von vielen Ländern, man steht im Mittelpunkt des Interesses. In solchen Momenten stellen sich Politiker eigentlich gern vor die Kameras und erklären, wie begeistert sie sind, dass es eine Ehrung für die ganze Nation ist. Die argentinische Präsidentin Cristina Fernández de Kirchner jedoch konnte sich gerade einmal zu einer deutlich unterkühlten Twitter-Nachricht durchringen. »Wir wünschen, dass Sie als Kirchenführer eine fruchtbare Aufgabe erfüllen werden, in so großen Verantwortungen im Streben um Gerechtigkeit, Gleichheit, Brüderlichkeit und den Frieden der Menschheit.«

Erst später erkannte auch sie, dass sie um eine mündliche Gratulation in der Öffentlichkeit nicht herumkommen würde. Fast als würde sie darauf hoffen, doch noch einen Ausweg zu finden, verlegte sie das Thema an das Ende einer Ansprache. Als es dann so weit war, sprach sie mehr von Lateinamerika als von Argentinien selbst – mit Blick auf mehr Harmonie zwischen reichen und armen, aber aufsteigenden Nationen. Dabei solle Papst Franziskus nun behilflich sein. Mit unterschiedlichen Glaubensrichtungen haben die Differenzen übrigens nichts zu tun: Auch Frau Kirchner ist Mitglied der römisch-katholischen Kirche. Nach ein wenig Bedenkzeit sagte sie schließlich ihre Anwesenheit beim feierlichen Akt der Amtseinführung in Rom am 19. März zu.

Wo der Ursprung der ablehnenden Haltung liegt, die beide Seiten gegeneinander hegen, darüber gab es immer wieder Spekulationen. Mal geben darin die Kirchners ein besseres Bild ab, mal ist es Bergoglio. So schrieb sich die Kirchner-Regierung die Menschenrechtspolitik und Aufarbeitung der Militärdiktatur auf die Fahnen. Allein schon die Tatsache, dass die katholische Kirche wegen ihrer Rolle in der dunkeln Zeit Argentiniens immer wieder in schlechtem Licht erschien, verhinderte ein dauerhaft freundschaftliches Verhältnis zwischen Regierung und katholischer Seite.

Auf der anderen Seite lenkte Jorge Mario Bergoglio den Blick eben immer wieder und mit direkter Sprache auf die Ausbeutung und Ungerechtigkeit in der Gesellschaft. Ein weiteres Streitthema sind die extrem unterschiedlichen Angaben zur Armut im Lande: Die katholische Universität von Argentinien (UCA) beispielsweise misst regelmäßig die Armutsgrenze nach eigenen Indikatoren. Rund 22 Prozent der 40 Millionen Argentinier sollen laut diesen Zahlen in Armut leben. Ein deutlicher Kontrast zu dem Wert von etwa 7 Prozent, den das offizielle Statistikamt INDEC (Instituto Nacional de Estadística y Censos) meldet.

Anders als bei uns haben solche Äußerungen zu solchen Themen in Argentinien eine große Bedeutung. Denn die katholische Kirche insgesamt ist hier auch eine politische Macht. Die gespaltene Opposition gilt dagegen als machtlos gegenüber der linksgerichteten Regierung von Cristina Fernández de Kirchner. Es heißt, Bergoglio habe in der Sakristei der Kathedrale sogar Parteiführer an einen Tisch gesetzt, um Allianzen zu fördern, die der Opposition wieder eine Richtung geben.

Noch wenige Wochen vor der Papstwahl hatte Kardinal Bergoglio wieder einmal einen tief greifenden Wandel in der Gesellschaft seines Heimatlandes gefordert. Argentinien habe sich schon zu sehr an die »Dämonen des Geld-Imperiums« gewöhnt – also an den Drogen- und Menschenhandel sowie die Korruption. Das führe zu Gewalt, würde ganze Familien zerstören. Besonders Kinder aus den ärmeren Bevölkerungsschichten seien von dieser Entwicklung betroffen, warnte der Erzbischof. All diese Probleme, so seine Befürchtung, würden zu einer Vernichtung von würdevoller Arbeit und einer fehlenden Zukunftsperspektive führen. Auch die Medien kritisierte er: Ihre Berichterstattung trage zusätzlich dazu bei, dass sich die Argentinier an die Zustände gewöhnten und abstumpften. Die Gesellschaft müsse sich endlich den zerstörerischen Realitäten stellen und etwas dagegen unternehmen.

DAS ARGENTINIEN DER ARMUT

Die Ursprünge der Probleme reichen zurück in die Jahre 2001 und 2002. Damals, vor gut zehn Jahren, kam es zur schwersten Wirtschaftskrise in der Geschichte des Landes. Die damit einhergehenden Turbulenzen führten zum Ende des traditionellen Zweiparteiensystems – sogar die Demokratie an sich schien stark gefährdet.

Vorrangiger Auslöser der Krise war eine völlig verfehlte Wirtschaftspolitik: Seit den Fünfzigerjahren wechselten nicht nur die Regierungen, die Wechsel brachten auch immer wieder unterschiedliche Ideologien für die Wirtschaftspolitik mit sich. Im Laufe der Jahrzehnte verschuldete Argentinien sich immer höher, vernachlässigte aber die Bekämpfung der ebenfalls zunehmenden Inflation. 1991 hatte der IWF, der Internationale Währungsfonds, zu einem festen Wechselkurs des Peso zum US-Dollar geraten. Das jedoch hatte nicht die gewünschten Folgen. Vielmehr stiegen dadurch auf dem Weltmarkt die Preise argentinischer Produkte, die Nachfrage und damit Exporte ins Ausland brachen ein. Die Probleme wuchsen weiter, und schließlich brach das gesamte Finanzsystem zusammen. Also griff man zur nächsten Maßnahme und wertete den Peso im Jahr 2002 um zwei Drittel ab. Tatsächlich fing sich seitdem das wirtschaftliche System langsam wieder.

Doch das war nur die eine Seite der Medaille. Die andere zeigte sich in den Folgen für die Menschen in Argentinien. Die hielten in den Händen nun Geld, für das sie sich weniger kaufen konnten: Die Armut nahm enorm zu, viele Menschen litten unter Unterernährung, und Arbeit war ebenfalls nur noch schwer zu finden. Zeitweise war jeder vierte Argentinier arbeitslos.

Auf die Krise der Wirtschaft folgte dann die Krise der Politik. Doch diese Phase wurde schneller bewältigt, als die Menschen im Land befürchteten. Denn als sich die Wirtschaft ab dem Jahr 2003 zusehends wieder erholte, beruhigte sich auch die Gesamtsituation.

Einen deutlichen Anteil an der Verbesserung der Lage im Land hatte auch Präsident Néstor Kirchner, der ab 2003 regierte und bis 2007 im Amt blieb. In die Kritik geriet Kirchner allerdings wegen seines Führungsstils: Er gab sich populistisch und gebärdete sich als Alleinherrscher. 2007 war seine Zeit als Regierender abgelaufen. Doch die Führung des Landes blieb in der Familie. Kirchners Ehefrau Cristina Fernández de Kirchner konnte im Oktober 2007 die Präsidentschaftswahl für sich entscheiden und trat nun als erste Präsidentin Argentiniens ihr Amt an. Mittlerweile geht es dem Land wieder gut, auch die 2008 beginnende Wirtschafts- und Finanzkrise traf Argentinien nicht so hart wie die meisten Industrieländer. Heute gilt es sogar als eines der drei am besten entwickelten Länder Südamerikas.

Doch längst nicht alle Menschen profitieren davon. Noch immer wirkt nämlich nach, was unter der Regierung von Carlos Meném zwischen 1989 und 1999 geschah. Damals wurden große Teile des öffentlichen Sektors privatisiert. Unter den Auswirkungen leiden gerade die Armen. Denn sie müssen die Preise zahlen, die die mittlerweile privaten Anbieter fordern.

Die Regierung Kirchner hat zwar eine staatliche Unterstützung für Arbeitslose und kinderreiche Familien angestoßen. Es gibt eine Art Kindergeld, falls die Kinder in die Schule gehen, Arbeitslose erhalten einen Minimallohn für verordnete Tätigkeiten im Bereich des Gemeinwesens. Doch die oft kritisierte Korruption im Land lässt nicht alles bei den Bedürftigen ankommen, der zugestandene Minimallohn steht auf der anderen Seite in dem Ruf, dass er die Arbeitsmoral senkt.

Vor allem auf dem Land und in den Elendsvierteln der Großstädte ist der Wirtschaftsboom auch nach mittlerweile zehn Jahren noch immer nicht angekommen. Hunderttausende Menschen leben auch heute noch davon, dass sie nachts den Müll auf den Straßen der Großstädte nach Verwertbarem durchsuchen. Andere arbeiten unter eigentlich unzumutbaren Bedingungen in versteckten Textilfabriken, um wenigstens so viel Geld zu verdienen, dass sie nicht hungern müssen.

Jorge Mario Bergoglio erkannte schon früh, welche Folgen die Krise und die Zeit danach für die Armen bedeutete. Als die Gesamtlage ausweglos erschien, legte er im Dezember 2001 der argentinischen Bischofkonferenz ein von ihm verfasstes Dokument vor: Der Titel: »Queremos ser nacion« – wir wollen Nation sein. Denn auch damals erwarteten die Menschen gerade von der Kirche Hilfe und Ideen, wie das Land die Not bewältigen könnte. Die wesentlichen Aussagen des politischen Dokuments lassen sich schnell zusammenfassen: Wie so oft forderte Bergoglio, das Gemeinwohl solle an oberster Stelle stehen, Machtansprüche dagegen in den Hintergrund gedrängt werden, um das am Boden liegende Argentinien wieder neu aufzubauen. Was aber auch nach zwölf Jahren noch nicht wahr geworden ist. Immerhin: Für seine Kritik an der Haltung von Politikern, die deutlichen Worte zu Parteienstreit und persönlichen Ambitionen Einzelner, erntete Bergoglio viel Lob.

Doch der Papst erwies sich wieder einmal nicht nur als eine Person, die wortreich die Machthaber kritisierte. Er war immer auch der Mann, der wirklich handelte. Dass er auch als Erzbischof noch wie ein gewöhnlicher Priester in der Kathedrale den

Gläubigen die Beichte abnahm, ist ein schönes Beispiel für den Bergoglio, der immer nahe bei den Menschen blieb. Doch er tat weit mehr: Als bei einer Brandkatastrophe in dem Nachtclub »República Cromañón« am 30. Dezember 2004 194 Menschen ums Leben kamen und mehr als 700 verletzt wurden, kümmerte er sich persönlich um die Opfer.

Auch gilt er als jemand, der bei seinem Kampf gegen Armut und Menschen- und Drogenhandel besonders auf die Jugend achtet. Er hat außerdem die Organisation »los curas villeros« gegründet, die Seelsorger in die rasant wachsenden Armenviertel von Buenos Aires entsendet – in die Villas Miserias.

Die Besuche des Papstes in diesen Elendsvierteln sind ebenfalls typischer Bestandteil der oft fast schon folkloristisch wirkenden Berichterstattung. Der nette Geistliche, der nicht davor zurückscheut, sich die Hände schmutzig zu machen. In den Hintergrund tritt dabei der wahre Umfang des Problems Armut in Argentinien, den gerade diese Elendssiedlungen verdeutlichen – und nichts anderes als Elendssiedlung bedeutet der Begriff Villas Miserias. Im offiziellen Sprachgebrauch wird diese Bezeichnung daher auch gemieden. Man spricht lieber von Villa de emergencia, also von einer Notsiedlung.

Meist liegen solche Siedlungen in den Randbereichen der Metropolen, Randerscheinungen sind sie allerdings keinesfalls. In der Stadt Rosario leben 13 Prozent der Menschen in derartigen »Marginalsiedlungen«. In Buenos Aires und Córdoba sieht es kaum besser aus. Hier haben an die 10 Prozent ihre Unterkunft in diesen Ansiedlungen.

Trotz der verbreiteten Armut sind Villas Miserias nicht mit den Favelas in Brasilien zu vergleichen. Die Elendsviertel in Argentinien erreichen nicht deren Ausmaße, die Kriminalität ist zwar hoch, erreicht aber nicht das erschreckende Niveau der Favelas Brasiliens.

Denn bei aller Kritik Bergoglios an der argentinischen Regierung muss auch erwähnt werden, dass tatsächlich immer wieder versucht wird, die Situation zu verbessern. In der Vergangenheit wurden bereits Menschen aus in Überschwemmungsgebieten liegenden Villas Miserias in Sozialwohnungsviertel umgesiedelt. Andernorts gab es die Programa de Mejoramiento de Barrios, also Programme für die Verbesserung von Vierteln. Nach brasilianischem Vorbild hat man dabei etwa Grundbesitzverhältnisse legalisiert, auch die Infrastruktur wurde verbessert, indem man Stromleitungen legte, die Trinkwasserversorgung sicherte und Sanitäranlagen einrichtete.

Schon seit 2001 läuft in Rosario das größte Umsiedlungsprojekt, Rosario Hábitat, das in mehreren Schritten geplant ist. Insgesamt sollen dort mehr als 40 000 Sozialwohnungen entstehen, um dem Problem der Verslumung zu begegnen. Die erste Phase umfasst 7000 Wohnungen, etwa die Hälfte ist fertiggestellt. In Córdoba wurden etwa 10 000 Wohnungen gebaut. Hier reduzierte das Programa Nuevos Barrios die Zahl der Elendsviertel um mehr als ein Drittel.

Das größte Elendsviertel von Buenos Aires liegt im nordwestlichen Bereich der Stadt, in der Zona Norte. Dabei gilt die Gegend eigentlich als die wohlhabendste des Ballungsraums. Das trifft besonders auf das Partido de San Isidro zu – dessen gleichnamige Hauptstadt ist einer der ältesten Vororte von Buenos Aires. Es gibt dort eine Vielzahl von Villenvierteln, einige davon zum Schutz der Bewohner als geschlossene Wohnanlagen ausgelegt. Doch die wohlhabende Umgebung zieht auch die Armen an – das Elendsviertel Villa La Cava hat schätzungsweise 20 000 Einwohner.

Schon zu Zeiten der Militärdiktaturen wurden besonders um Buenos Aires viele Elendsviertel gewaltsam umgesiedelt beziehungsweise aufgelöst – oft ohne den Einwohnern Alternativen anzubieten. Einer der Gründe: die Fußballweltmeisterschaft 1978. Die Gäste aus dem Ausland sollten ein Argentinien ohne Armut erleben. Dafür nahm man sogar Tote in Kauf. Denn längst nicht jede Umsiedlungsaktion verlief friedlich.

Der Autor Gianni Valente hat sich mit der Geschichte der Villas Miserias befasst und mit den Gründen, die zu ihrer Entstehung führten. »Die Villas Miserias, die Elendsviertel von Buenos Aires, sind eine Folge der Anziehungskraft, die die argentinische Metropole von jeher auf alle hat, die auf der Suche nach einer besseren Zukunft für sich und ihre Familie bereit sind, alles hinter sich zu lassen«, schrieb Valente.

Einige Historiker behaupten, die ersten Villas entstanden mit den neuen Einwanderungsströmen aus Europa schon Anfang des 20. Jahrhunderts. Damals, als vor allem Spanier und Italiener wie Bergoglios Eltern in Argentinien ihr Glück suchten, errichtete sich mancher zunächst einfach eine Behelfsunterkunft in der Nähe des Hotel de Immigrantes. Weitere dieser behelfsmäßigen Quartiere entstanden dann laut Valente Anfang der Dreißigerjahre auch im Gebiet um Puerto Nuevo.

Zu einer regelrechten Eskalation der Lage kam es nach dem Zweiten Weltkrieg. Zwischen 1941 und 1960 erlebte Buenos Aires immer neue Einwanderungswellen aus den armen Provinzen des Landes. 1968 existierten im Stadtgebiet mehr als 259 Siedlungen mit mehr als 500 000 Menschen.

Der Bürgermeister der Stadt in der Zeit der Diktatur war Osvaldo Cacciatore. Er gilt als Urheber des »plan de erradicación«, des Abrissplans. Frei nach seinem Motto »Wer in der Stadt leben will, muss es sich verdienen« wollte er die Stadt von den Villas »säubern«. Sein menschenverachtendes Vorhaben gelang nur teilweise und vor allem nur zeitweise. 200 000 villeros kehrten aus dem Zentrum zurück in die Provinzen. Als aber die Zeit der Demokratie anbrach, kehrten sie bald wieder zurück.

Nach aktuellen Schätzungen leben in Buenos Aires etwa 400 000 Menschen in Behausungen, die als unzumutbar gelten. Im direkten Stadtbereich und den südlichen Zonen wird die Zahl der Villas und vergleichbarer Ansiedlungen auf 59 oder mehr geschätzt. Denn vor allem in den vergangenen fünf Jahren wurden ständig neue Einwanderungswellen aus Bolivien oder Paraguay verzeichnet.

Der angekündigte Bau von Sozialwohnungen mag wie ein gutes Rezept gegen die Elendsviertel wirken. Experten schätzen jedoch, dass das Problem damit erst in mehr als 80 Jahren halbwegs gelöst ist – jedenfalls, wenn die Errichtung von Sozialwohnungen in dem bisher üblichen Tempo weitergeht.

Wie das Leben in den Villas wirklich zugeht, zeigt sich besonders deutlich in Jorge Mario Bergoglios Geburtsstadtteil Flores. Dort steht mit »Villa 1-11-14« eines der größten Elendsquartiere der Stadt – und eines, in dem es besonders gewalttätig zugeht. Das Viertel ist überfüllt, hier leben Argentinier aus dem armen Landesinneren ebenso wie die Zuwanderer aus den Nachbarländern. 1-11-14 ist ein Gewirr aus notdürftig errichteten Ziegelbauten – immerhin Ziegel und kein Holz. Die Gebäude sind mal ein, mal zwei oder auch drei Stockwerke hoch. Die meisten tragen Wellblechdächer. Strom gibt es, die Leitungen jedoch hängen offen in den engen Gängen. Eine erkennbare Polizeipräsenz gibt es nicht. Das Viertel gilt als ein Zentrum des Drogenhandels, regiert von mafiaähnlichen Organisationen.

Bergoglio jagten solche Zustände keine Angst ein. »Vier- bis fünfmal im Jahr kam der Erzbischof zu uns, wie in alle Armenviertel der Hauptstadt«, erzählt Padre Joaquín Giangreco. Er gehört zu einer Gruppe von 20 Priestern, die auf Bergoglios Initiative in den Elendsvierteln der Stadt helfen soll, dass sich die Situation bessert.

»Ich weiß aus tiefstem Herzen, dass unser Padre Jorge ein wunderbarer Mann ist«, sagt Mónica de Caropresi der österreichischen Tageszeitung *Die Presse*. Sie arbeitet als Caritas-Koordinatorin in Flores und lernte den Papst 1992 kennen. Damals sei Bergoglio für sie »el pastor absoluto« gewesen: Der absolute Hirte, der im ärmsten der vier Kirchenbezirke der Diözese alle Pfarrer und auch die freiwilligen Helfer beim Namen kannte und immer persönlich vor Ort war. Ihm verdankt die Caritas im Bezirk den Bau eines Zentrums der Sozialfürsorge. Wann immer Bergoglio in einer Versammlung auftauchte, nahm er keine Rolle ein, die seinem hohen Amt entsprach, er war auf eigenen Wunsch einer von vielen am Gesprächstisch. Er hörte zu und ließ andere immer ausreden – selbst wenn er seine Entscheidungen längst getroffen hatte. Auch die Caritas-Koordinatorin gab eine der typischen Bergoglio-Geschichten zum Besten: Sie erzählte der Zeitung, wie sie ihrem Bischof oftmals anbot, ihn im Anschluss mit dem Auto heimzubringen. Aber der lehnte ab, ließ sich allenfalls zur nächsten U-Bahn-Station mitnehmen.

BERGOGLIO UND DIE »CURAS VILLEROS«

Dass Priester und andere Helfer in den Armutsvierteln aktiv sind, hat in Argentinien Tradition. Schon in den Sechzigerjahren zog eine Gruppe von Priestern zu den Immigranten in die Barackenstädte von Buenos Aires. Nicht allein, um das Elend zu mindern, sondern auch, um ihre Rechte zu vertreten. Sie nannten sich die »curas villeros« – frei übersetzt etwa: die Heiler der Armen.

Das macht außerdem deutlich, dass die in der Zeit der Militärdiktatur entführten Jesuiten Orlando Yorio und Franz Jalics nicht die Ersten und nicht die Einzigen waren, die sich hierher wagten. In den Jahren nach dem Ende der Diktatur nahmen die »curas villeros« ihre Hilfsarbeit wieder auf, nahmen Anteil am Schicksal und an der Mühsal dieses ihnen so sehr am Herzen liegenden Volkes. Auch unter den menschenunwürdigen Bedingungen, umgeben von einer Welt, in die sich kein Wohlhabender traut und um die selbst die Polizei einen Bogen macht, blieben sie ihrem Glauben treu und halfen den Menschen. Sie beteten viel, sie bauten aber auch Kapellen und feierten mit den Armen ihre christlichen Feste.

Die Arbeit wurde von den Armen dankbar aufgenommen. Trotzdem zeigen die vielen Graffitis an den Mauerwänden keine kirchlichen Motive – oft aber immerhin Bilder des Volksheiligen Gauchito Gil. Der wurde zwar von der Kirche nie anerkannt, ist im Volk jedoch sehr populär. Gauchito Gil gilt als der Robin Hood Argentiniens. Der »kleine Gaucho Gil« lebte Mitte des 19. Jahrhunderts als einfacher Landarbeiter. Als er wegen eines Verhältnisses mit einer reichen Witwe in Schwierigkeiten geriet, trat er in die Armee ein. Später desertierte er, lebte im Wald, er bestahl der Legende nach die Armen und half den Reichen. Doch Gauchito Gil wurde gefasst und zum Tode verurteilt. Zum Volksheiligen machten ihn vor allem seine letzten Worte: Er sagte dem Henker, dass dessen kranker Sohn genesen würde, wenn der Henker nach Gils Tod zu ihm beten würde. Der Henker schnitt Gil die Kehle durch. Doch am Abend betete er tatsächlich zu Gil, und der Sohn wurde gesund. Davon erzählte der Henker jedem, der ihm begegnete, und er baute Gil ein Heiligtum, das heute Pilgerstätte ist.

Den »curas villeros« dürfte die Verehrung des Gauchito Gil ein Dorn im Auge gewesen sein. Sie hatten andere Pläne zur Stärkung des Glaubens in den Elendsvierteln. Der 2008 verstorbene Rodolfo Ricciardelli war einer der Gründer der Bewegung der Priester für die Dritte Welt und eines der ersten Mitglieder des »equipo de los curas villeros«. Er drückte das Vorhaben so aus: »In jedem Haus ein Heiligenbild, an jeder Straßenkreuzung ein Bildstock.« Daraus wurde nichts. Doch dass die Bewohner die Aufopferung der Priester zu schätzen wussten, zeigte sich spätestens beim Trauergottesdienst für Ricciardelli: Denn an jenem Tag kamen sie alle, um ihn zu ehren – die Kinder, die alten Frauen, die einfachen Arbeiter.

Jorge Mario Bergoglio war 2008 bekanntlich schon Erzbischof. Doch er ließ es sich nicht nehmen, den Trauergottesdienst für den verstorbenen Helfer der Armen abzuhalten. Ein weiterer Hinweis, wie wichtig ihm der Kampf gegen die Armut durch die Kirche ist. »An Pater Bergoglios Stil kann man deutlich die Vorzugsoption für die Armen erkennen«, bestätigte Pater Gustavo, der ebenfalls in den Villas aktiv ist. »Er hat in den Arbeitervierteln viele neue Pfarreien errichtet. Er war es auch, der mir vorgeschlagen hat, als Priester in eine Villa zu gehen, und er hat auch andere, frisch vom Seminar kommende Priester darum gebeten.«

Vor wenigen Jahren waren diese jungen Priester des »equipo delle villas miserias« nicht einmal zu zehnt, heute sind sie schon mehr als 20.

Wenn der Erzbischof wieder einmal mit der U-Bahn und dem Bus unterwegs war, führte ihn der Weg häufig in eine der Villas. Er segnete neue Kantinen zur Armenspeisung, nahm Taufen vor oder weihte die neu entstandenen Kapellen. Und er aß mit den Armen das Essen der Armen – die »locro«, eine Maisfleischsuppe, die in riesigen Töpfen im Freien gekocht wird. Der Autor Gianni Valente schrieb: »Dabei freute er sich wie ein Vater, der seinen Kindern beim Spielen zusieht, weil es der Seele guttut zu sehen, was der Herr unter seinen Lieblingskindern wirkt.«

Zu diesen Lieblingskindern zählen für Bergoglio alle Armen. Auch jene, denen der normale Mensch lieber nicht begegnen möchte – nicht am helllichten Tag und schon gar nicht bei Dunkelheit in den Elendsvierteln. Wenn er den Armen hilft, dann gilt das auch für diejenigen, die ihren Lebensunterhalt auf kriminelle Weise verdienen, den vielen Dieben und Drogendealern.

Wie wichtig ihm das ist, zeigt eine seiner Predigten. Am Festtag des heiligen Kajetan wandte er sich direkt an die Besucher des Gottesdienstes: »Ich möchte euch eine Frage stellen. Steht die Kirche nur den Guten offen?« Erwartungsgemäß antwortete die Gemeinde mit Nein. Doch Bergoglio wollte es genauer wissen: »Ist da auch Platz für die Schlechten?« Wieder nickten die Besucher, riefen laut »Ja«. »Wird hier jemand weggejagt, weil er schlecht ist? Nein, im Gegenteil, er wird noch herzlicher aufgenommen. Und wer hat uns das gelehrt? Jesus hat es uns gelehrt.

Ihr könnt euch also vorstellen, wie viel Geduld das Herz Gottes mit einem jeden von uns hat.« Das alles unterstreicht die Ankündigung des Papstes Franziskus in den ersten Tagen seiner Amtszeit, er wolle eine »arme Kirche und eine Kirche für die Armen«. Und eine Kirche, die niemanden ausschließt. Diese Kirche erfordert vor allem von ihren aktiven Mitgliedern durchaus auch Mut. Wenn Bergoglio von der Einbeziehung Krimineller in die Gemeinschaft spricht, hat auch das einen Hintergrund, der auf Erfahrungen aus seiner Heimat beruht. Die Arbeit in den Elendsvierteln bringt die Priester immer wieder auch in den direkten Kontakt mit der Drogenkriminalität – und sie bedeutet manchmal sogar eine direkte Gefahr für Leib und Leben. Das beweist die Geschichte von José María Di Paola, dem Padre Pepe, der zu den »curas villeros« gehört.

Padre Pepe arbeitete in Bajo Flores, im südlichen Bereich des Stadtteils Flores. Bergoglio kam häufig hierher. In Bajo Flores steht auch die Kirche von Santa Maria Madre del Pueblo Parish, die weit mehr als ein einfaches Gotteshaus ist. Vor allem ist sie ein Gemeindezentrum, das den Bewohnern Dienstleistungen, Arbeit und auch Sport anbietet. Es gibt eine Kindertagesstätte für 72 Kinder, dazu werden Computerkurse angeboten. Hier lernen auch Schreiner, es gibt Malerei, Nähunterricht, Fußball- und Hockey-Klubs haben in dem Gemeindezentrum ihren Sitz – und es eine gibt eine Selbsthilfegruppe für Angehörige von Drogensüchtigen.

Bajo Flores hat 40 000 Einwohner, und der Bedarf an den Ausbildungs- und Hilfsangeboten wächst ständig. Neben der Kirche Santa Maria gibt es zwei weitere Kapellen und die »curas villeros« wollen noch ein zusätzliches Gebäude erwerben. Dort soll eine Pflege- und Rehabilitationseinrichtung für genesende Süchtige eröffnet werden. Wer von seiner Abhängigkeit loskommen will, bekommt jetzt schon in der Kirche Frühstück und Mittagessen, auch Duschmöglichkeiten und frische Kleidung gehören zum Service.

Viele der Bewohner des Viertels sind Neuankömmlinge aus den Nachbarländern Bolivien und Paraguay. Gerade wer aus dem Ausland nahezu mittellos nach Buenos Aires kommt, tut dies oft auch wegen der besseren Gesundheitsversorgung. Manche haben ein krankes Kind oder einen kranken Verwandten, dessen Behandlung im Heimatland unerschwinglich war.

Am Ziel jedoch finden sie Verhältnisse vor, die kaum besser sind als zu Hause. Viele suchen sich einen Job auf dem Bau, Frauen verdingen sich als Haushaltshilfe – was sie verdienen, reicht aber bestenfalls für das Essen. Wenn sie denn überhaupt Arbeit finden.

Die Kirche Santa Maria ist der Ort, an dem diese Menschen die Hilfe finden, die sie benötigen: nicht nur Hilfe zur Bewältigung ihrer aktuellen Probleme, sondern auch Unterstützung bei einer Ausbildung, die den Weg in eine bessere Zukunft bedeuten kann. Padre Pepe und sein Team sind diejenigen, die ihnen diesen und andere Wege eröffnen.

Mittlerweile ist Padre Pepe einer der bekanntesten Geistlichen in Argentinien. Der Grund für seine Berühmtheit liegt jedoch nur indirekt in seiner aufopferungsvollen Arbeit im Stadtteil Flores.

Dass in der Kirche Santa Maria Drogenabhängigen geholfen wird, stößt nicht überall auf Zustimmung. Im Jahr 2009 machte Erzbischof Bergoglio öffentlich, das ein Priester der Stadt eine Morddrohung erhalten hatte, und zwar eine deutliche. Es war Padre Pepe, der bei einem Spaziergang durch das Viertel bedroht wurde. Die Drohung richtete sich gegen ihn persönlich und auch gegen die »curas villeras« allgemein.

Im selben Jahr hatten 19 Priester aus den Armenvierteln die ihrer Meinung nach verfehlte und vor allem zu lasche Drogenpolitik der Regierung Kirchner angeprangert. Sie veröffentlichten eine Mitteilung, in der sie ihre Kritik deutlich ausdrückten: »Wo wir arbeiten, sind die Drogen praktisch legalisiert. Man kann sie ungestört besitzen, transportieren und konsumieren.

Weder die Ordnungskraft noch andere staatliche Organe kümmern sich um die Jugendlichen, die das Gift in ihren Händen halten.« Die Veröffentlichung sorgte für eine landesweite Diskussion, das Drogenproblem war plötzlich wieder Thema. Die Priester sagten später auch, dass jede Zeile des Textes mit dem Erzbischof abgestimmt war. »Bergoglio wusste, was wir taten, und wollte, dass wir es taten«, sagten sie und zitierten das Motto ihres Bischofs: »Man tut, was Gott befiehlt.«

Womit jedoch niemand gerechnet hatte, waren die Folgen: Die Drogenmafia wurde wütend, fand die Einmischung in ihre Geschäfte gar nicht gut. Sie war es dann auch, von der die Morddrohungen stammten. Und es war schnell klar, dass sie den Drohungen Taten folgen lassen würden. Wenn nicht jemand etwas dagegen tat.

Die Entscheidungen, was zu tun ist, traf Bergoglio. Er traf sie schnell und ohne Zögern. Gespräche mit der Mafia waren in der Situation aussichtslos. Wie also konnte man die Morde verhindern? Was Bergoglio entschied, war unkonventionell, wie so vieles in seinem Leben: Er machte die Morddrohung öffentlich. Nun wusste ganz Buenos Aires, dass ein Priester in Lebensgefahr schwebte. Die Mafia wiederum erkannte, dass der Verdacht sofort auf sie fallen würde, sollte einem Geistlichen tatsächlich etwas geschehen. Sie drohte nie wieder, den Priestern wurde kein Haar gekrümmt.

Dass Padre Pepe von Drogenhändlern bedroht wurde und trotzdem nicht von seiner Arbeit abließ, machte ihn zu einem Helden. Die Medien berichteten ständig über ihn – nicht nur über ihn, sondern auch über Erzbischof Bergoglio. Immer wieder wurde dabei auch die Haltung Bergoglios beschrieben: Die Haltung des Kämpfers gegen die Armut, der von sich und der Kirche erwartete, dass die Aufgabe auch in einem gefährlichen Umfeld bewältigt werden muss. Selbst wenn das eigene Leben bedroht ist.

Die Geschichten, die danach über den Erzbischof erzählt wurden, beschrieben zum Beispiel, wie er selbst sonntags durch die schmutzigen und engen Gassen marschierte, vorbei an lärmenden Kindern und grölenden Jugendlichen. Immer wieder begegneten ihm auf dem Weg zu seinen Messen oder Taufen in den Villas Miserias Menschen, die ihn erkannten und ihn auch ansprachen. Nicht alle erwiesen dem Mann mit dem weit sichtbaren, blütenreinen weißen Priesterkragen ihre Ehrerbietung. Sie sprachen so, wie sie immer sprachen, und sie sprachen über die Themen, über die sie immer sprachen. Überliefert ist eine Szene, in der eine Gruppe Jugendlicher den Erzbischof regelrecht umzingelt. Sie machen ihre Witze, fragen Bergoglio: »Hallo, Pater, hast du vielleicht einen Peso für Koks?« Der wendet sich nicht empört ab, denn für ihn ist es nur die Bestätigung, dass die Menschen genau hier gar keine Zeit für Lügen haben, dass in den Elendsvierteln von Buenos Aires »die Wahrheit gesagt wird«. Die Menschen hier sind mit ihm per Du und er mit ihnen. Besonders froh ist er, wenn sie ihm sagen, dass all die Hilfe, die er und die Priester ihnen geben, tatsächlich etwas bewirkt – und wenn nicht wieder irgendwo Drohungen gegen die Kirche ausgesprochen werden von denen, die er »los mercaderes de las tinieblas«, die Händler der Finsternis, nennt.

In der Zeit nach den Morddrohungen wurde Jorge Mario Bergoglio auch immer wieder von den Medien direkt zu den Vorfällen und seiner Entscheidung für die Öffentlichmachung befragt. Gianni Valente führte ein Interview mit dem Erzbischof, in dem er mehr über die Gründe der Veröffentlichung wissen wollte. Bergoglio antwortete: »Diese Entscheidung habe ich im Gebet getroffen. Mir war klar, dass es ein Problem ist, das die ganze Ortskirche betrifft. Und dass es die Gläubigen wissen müssen. So habe ich es bei der Messe für die Mitarbeiter im Bildungswesen erwähnt, wo ich die Gefahren angesprochen habe, denen junge Menschen heute ausgesetzt sind. Gefahren wie das Drogenproblem. Am Ende meiner Predigt habe ich nur hinzugefügt, dass ein Priester bedroht wurde, ohne Namen zu nennen.«

In dem Gespräch ging es auch um Pater Pepe und seine Priesterkollegen. Denn die mussten sich trotz aller Sympathiebekundungen auch die Frage gefallen lassen, ob sie sich mit ihrer Arbeit nicht zu sehr in Gefahr begeben haben oder sich in den Elendsvierteln gar als Drogenpolizei aufspielten und so die Mafia zusätzlich erzürnten. Der Erzbischof stellte klar: »Sie tun nur ihre Arbeit. Sie greifen niemanden an.« Überraschend machte er allerdings einen Rückzieher, was seine eigene Rolle betraf: »Wer bei dieser Messe gesagt hat, dass die Drogen eine Gefahr darstellen, und nicht nur in den Favelas, sondern in der ganzen Stadt, das war nicht ich.« Bergoglio habe vielmehr den Eltern gesagt, dass sie auf das achten sollen, was ihre Kinder tun. »Kümmert euch um sie! Die Drogen kommen überall hin, auch in die Schulen.« Zu den Priestern der Villas erklärte er, dass sie auch an Vorbeugungsmaßnahmen gegen Drogenabhängigkeit und für die Wiedereingliederung drogenabhängiger Jugendlicher in die Gesellschaft arbeiteten. Die Veröffentlichung des Dokumentes, das zu den Morddrohungen führte, habe nicht in erster Linie der Kritik an der Regierung gegolten, vielmehr habe es zuvor ein erschreckendes Wachstum des Drogenhandels gegeben – das sei der eigentliche Hintergrund. »Die Priester von Villa 21 haben erst kürzlich drei Häuser für drogensüchtige Jugendliche aufgemacht. Und das ist den Drogenhändlern offensichtlich ein Dorn im Auge, es muss sie nervös gemacht haben.«

Die Arbeit der Priester in den Villas Miserias lobte er ausdrücklich und wies zudem auf einen legendären Kirchenmann hin, dessen Arbeit ihn und andere Priester in den Villas beeinflusst hat: »Es sind Priester, die arbeiten und beten. Sie sind in der Katechese tätig, in der Wohlfahrt ... Und das gefällt mir. Von diesem Pfarrer, der bedroht wurde, sagt man – und das stimmt –, dass er eine besondere Sympathie für Don Bosco hat.

Und gerade dieser Stil Don Boscos ist es, der hinter seinen Aktionen steht.«

Don Bosco, das ist Giovanni Melchiorre Bosco, ein katholischer Priester, der von 1815 bis 1888 in Italien lebte. Als er Priester in Turin war, setzte Bosco sich in erster Linie für arme und verwahrloste Jugendliche ein. Er gründete außerdem mehrere Organisationen, die sich diesem Ziel widmen. Am bekanntesten ist die Vereinigung der Salesianer, die schon in Boscos Todesjahr 1888 in Europa und Lateinamerika 250 Häuser führte, in denen Jugendlichen geholfen wurde – bis heute unterstützten die Salesianer mehr als 100 000 Menschen.

Die Erwähnung Boscos ist ein weiteres wichtiges Puzzlestück, wenn es um die Werte geht, die den Papst antreiben. Denn Bosco ist der zweite legendäre Kirchenmann und Armenhelfer, der in seinem Denken eine Rolle spielt – eine ähnlich große wie Padre Hurtado aus Chile. Jenem Mann, der dem Ort seinen Namen gab, in dem Bergoglio Teile seines Noviziats verbrachte, derjenige, der eine der größten Wohltätigkeitsorganisation Chiles gründete, um den Armen und Obdachlosen zu helfen. Hurtado und nun Bosco, der Retter vernachlässigter Jugendlicher und Gründer der Salesianer.

Auch in dem Gespräch mit Valente ging Bergoglio weiter auf den hohen Stellenwert ein, den die Arbeit für die Armen für ihn hat. Er sprach vor dem Hintergrund der Morddrohungen ausführlich über die Drogenproblematik – und konnte sich einen weiteren Seitenhieb auf die Politik nicht verkneifen. Die Gesellschaft und die Regierung hätten auf die Vorfälle an sich gut reagiert, erklärte er. Doch: »Manch einer hätte diese Probleme wohl lieber verschleiern wollen, die ja auch die Politik auf den Plan ruft, die das Ganze stillschweigend zu dulden scheint.«

Auf die Frage, ob die Bekämpfung von Drogensucht und Drogenhandel eine Aufgabe der Kirche ist, sagte er: »Nein, natürlich nicht. Es ist eine pastorale Sache. Ein pastorales Werk. Und ein Weg, die Bekehrung aller zu erbitten. Auch die der Drogenhändler.« Im Hinblick auf die Amtszeit als Papst lässt sich vermuten, dass er selbst die Drogenproblematik in der Welt nicht in den Mittelpunkt stellt. Nicht, weil er nichts dagegen tun will. Vielmehr sieht Bergoglio diesen Kampf als eine Selbstverständlichkeit an, der sich jeder Priester widmen sollte.

Dass der Papst die Armutsbekämpfung so in den Vordergrund stellt, wird gewiss auch von den sozialen Organisationen in aller Welt aufmerksam verfolgt. Denn seine Worte verschaffen auch ihrer Arbeit mehr Öffentlichkeit. Wahrscheinlich können sie auf weitere Unterstützung durch Franziskus hoffen. Denn schon bei Organisationen, die in Buenos Aires gegen das Elend der Menschen kämpfen, war der Erzbischof hoch geachtet.

Bergoglio unterstützte nicht nur politisch neutrale oder konservative Organisationen. Er engagierte sich auch für diejenigen, die politisch weit links von der Regierung Kirchner stehen. Dazu zählt die »Bewegung der ausgeschlossenen Arbeiter«, in der sich Müllsammler zu Genossenschaften vereinen. Ebenfalls seine Unterstützung fand die Stiftung La Alameda, die für die Rechte von Textil- und Landarbeitern einsteht. »Wir haben es mit mächtigen Gegnern zu tun, daher brauchen wir Unterstützung und Hilfe«, sagte La-Alameda-Präsident Gustavo Vera und lobte den Papst ausdrücklich. »Und uns scheint, dass die Kirche und Bergoglio sich um diese Themen schon seit Langem kümmern.«

Immer wieder wies Bergoglio auch auf die wertvolle Arbeit der vielen regierungsunabhängigen Organisationen hin, die gegen Arbeitssklaverei und Menschenhandel eintreten. Denn auch das ist im Rahmen seines Kampfes gegen die Armut ein wichtiges Thema für ihn. Bei einer Predigt im Jahr 2010 sprach er mit einer für Kirchenmänner ungewohnten Deutlichkeit darüber, sagte, dass die Hauptstadt Argentiniens ihre ärmeren und hilfloseren Bewohner förmlich auffresse. Der Erzbischof verurteilte außerdem die Verantwortlichen für diese Ausbeutung, den Menschenhandel, die Sklavenarbeit und die Misshandlungen unter den ärmeren Bevölkerungsschichten.

Wörtlich sagte der Erzbischof bei der Eucharistiefeier im Bahnhof von Buenos Aires: »Für viele ist unsere Stadt wie ein Fleischwolf, der sie zerfleischt, weil sie ihr Leben zerstört, sie ihres freien Willens beraubt und ihnen die Freiheit nimmt.«

Es sei seine Aufgabe als Oberhirte der Diözese, die Bevölkerung über die tatsächlich herrschenden Zustände in den Wohnvierteln der Armen aufzuklären: »Es gibt Sklaven dort, die von Herren gemacht werden, in deren Händen die Verwaltung des Menschenhandels liegt. Es gibt illegale Unternehmen auf Basis von Prostitution und dem Handel mit Pappkartons.«

Als hätte es die Morddrohungen der Drogenmafia nie gegeben, prangerte er nun auch diese Menschenhändler als »echte Mafiosi« an, wies auf die verbreitete Korruption hin, durch die derartige Netzwerke »auf Basis von Bestechungsgeldern« arbeiten könnten. »Große Mafia-Banden von eleganten Herren, die in Restaurants in Puerto Madero essen, aber ihr Geld ist mit Blut befleckt, mit dem Fleisch ihrer Brüder. Sie sind die Sklavenhändler.«

Die Stadt Buenos Aires würde immer wieder menschliche Opfer fordern. »Diesen Männern und Frauen wird die Würde genommen, und diese Jungen und Mädchen werden durch diese Form von Menschenhandel der Sklaverei unterworfen.«

Er forderte die Zuhörer außerdem auf, nicht wegzusehen, sondern ebenfalls auf die Missstände hinzuweisen. »Wir können angesichts all dessen nicht stumm bleiben. Diese Stadt ist voll von Männern und Frauen, von Jungen und Mädchen, die am Wegesrand liegen geblieben sind, die in die Gewalt anderer gebracht und als Sklaven gehalten werden. Sie wurden von diesen Machwerken oder Organisationen, die korrupt sind, zusammengeschlagen; man nimmt ihnen jede Willensfreiheit; setzt sie unter Drogen und lässt sie dann einfach am Straßenrand liegen.«

Die Vorwürfe waren klar und deutlich – doch Bergoglio wurde noch deutlicher, nannte Buenos Aires schließlich sogar eine Sklavenfabrik. Eine Fabrik, deren politische und wirtschaftliche

Schicht »die Herren von der Mafia schützt« und »nie solchen Fällen nachgeht, sondern immer die eigene Haut zu retten versucht. Vielleicht steckt da auch ein typisches Rezept für Buenos Aires dahinter, das wir Porteños Bestechung nennen.«

Der Begriff Porteño steht grundsätzlich für einen Menschen, der in einer Hafenstadt lebt. In Argentinien ist Porteños seit dem Ende des 19. Jahrhunderts ein Synonym für die Bürger von Buenos Aires.

Dass Bergoglio mit Sklaverei und Menschenhandel nicht nur Arbeitssklaven meinte, brauchte er an diesem Tag gar nicht ausdrücklich zu sagen. Denn anwesend war auch eine Gruppe von Frauen, die mit Namen gekennzeichnete Bilder junger Mädchen hochhielten. Es waren Mädchen, die von illegalen Organisationen zur Prostitution gezwungen wurden, bis sich irgendwann ihre Spur verlor. Während die Frauen wechselweise Bilder hochhielten, sagten sie immer wieder: »Wir suchen sie noch ...« Und ergänzten dann den Namen einer der Vermissten.

»Ich flehe alle an, jetzt das zu tun, was sie können: Aber bitte waschen wir nicht unsere Hände in Unschuld, sonst werden wir an dieser Sklaverei mitschuldig«, endete der Erzbischof seine Rede an diesem Tag.

Wenn der Erzbischof in Buenos Aires auf Missstände hinweisen wollte, war ihm jeder Anlass recht. Daher sprach er auch anlässlich des Jahrestages der Internationalen Konvention über die Rechte der Wanderarbeitnehmer: »Es ist der Mühe wert, dafür zu kämpfen, dass es keine Sklaverei mehr gibt, und aufzuschreien, damit diese Höllenmaschine von Ausschließung und Diskriminierung ein anderes Herz bekommt.« Das sagte Bergoglio während der heiligen Messe und ergänzte, dass er all den Menschen nahesteht und mit ihnen solidarisch ist, die in sklavenähnlichen Situationen leben und in den Städten diskriminiert sind. «Wir müssen alle vereint kämpfen, damit der Weg zur Gerechtigkeit hin eingeschlagen werden kann. Wir schreien auf, mit Kraft und ohne Furcht: Nein zur Sklaverei; Nein zur

Behandlung von Kindern, Männern, Frauen als Ausschussware. Man will uns die Kraft nehmen, uns unserer Würde berauben.« Damit es weniger Sklaven gibt, müssten die Menschen vereint sein. Als Gründe für das Weiterbestehen der Sklaverei im Land nannte er einmal mehr die verbreitete Korruption. »Wir erleben bedauerlicherweise eine Stadt, die sich gar nicht bewusst ist, dass ihre eigenen Kinder verkauft werden, dass sie ausgegrenzt sind und als Sklaven behandelt werden.« Buenos Aires sei eine Stadt, »die sie abweist und als Ware behandelt«.

Wieder war auch die Prostitution Thema. Es gab eine Feierstunde, in der der Frauen gedacht wurde, die aus dem Netz der Prostitution herausgefunden haben. Als Zeichen für die Opfer von Ausbeutung am Arbeitsplatz und all diejenigen, die zur Schwarzarbeit gezwungen sind, brachten einige Frauen eine Tasche zum Altar, die von Frauen hergestellt wurde, die den Weg aus der Schwarzarbeit geschafft haben.

Auch die Christmette nutzte Bergoglio immer wieder, um etwa zu mehr Solidarität in Chile und Argentinien aufgerufen. Die Menschen müssten sich von der Hoffnung berühren und von den Wundern des Herrn überraschen lassen, sagte er bei einem solchen Anlass. Und er entließ auch zum Weihnachtsfest die Regierenden nicht aus ihrer Verantwortung: Die Politik müsse vielmehr dringend Verantwortung für das Wohlergehen der Menschen übernehmen.

Für sich selbst nutzte er Feste wie Weihnachten und Ostern außerdem nicht als Zeit der Besinnlichkeit und Entspannung. Vielmehr besuchte er Krankenhäuser für arme Kinder oder auch ein Gefängnis, und immer wieder sah man ihn, wie er dabei den Kranken oder Gefangenen die Füße wusch. Viele Menschen fanden seine Aufopferung und die ungekünstelte Nähe zu den Menschen faszinierend, für andere wurde er nicht zuletzt dadurch zu einer rätselhaften Erscheinung

Als er Ostern 2009 eine Klinik in Buenos Aires besuchte, sagte er aber auch, dass ihm seine Handlungen nicht immer leichtfielen. »Ich wollte kommen, um die Geste Jesu zu wiederholen, um all diesen stillen Helden, den Unbekannten, zu sagen, dass sie die wahren Werte der Gesellschaft halten. Das ist die wirkliche Macht: der Dienst jeden Tag. Er ist ermüdend, oft schmerzhaft, aber der letzte Dienst.« Vordergründig sprach er damit die Ärzte und Schwestern an, sprach gleichzeitig aber auch über sich.

Er sprach auch darüber, dass er als Mensch nicht für jedes Leid eine tröstliche Erklärung liefern kann, um den Kranken etwas von ihrer Qual zu nehmen: »Ich entschied mich, heute in dieses Krankenhaus zu kommen, und dies aus zwei Gründen: Erstens, um den leidenden Unschuldigen mein Mitgefühl auszudrücken und ihr Leiden zu begleiten. Ich habe keine Erklärung für das Rätsel, warum Kinder leiden müssen. Ich überlasse es dem Geheimnis Gottes. Zweitens, um die täglichen, großartigen Heldentaten der Menschen hier zu ehren, die in keiner Zeitung erwähnt werden: das Heldentum der Mütter und Väter, die hier ihre Tage verbringen, und das Leben ihres Kindes begleiten. Das Heldentum der Ärzte. Das Heldentum der Krankenschwestern. Das Heldentum von Freiwilligen. Heldentum von so vielen Menschen, die hier arbeiten.«

Einsatz für Erziehung

Zur Aufgabe der Armutsbewältigung zählt für Papst Franziskus auch die Förderung, Unterstützung und Erziehung junger Menschen. In den zurückliegenden 20 Jahren hat er nach eigenen Angaben entsprechende Einrichtungen nicht nur gefördert, sondern auch einige selbst gegründet – ganz so, wie es die beiden Vorbilder Don Bosco und Padre Hurtado taten.

Auch in seinen Predigten widmet er sich regelmäßig der Jugend. So rief Kardinal Bergoglio etwa in einer als regierungskritisch verstandenen Ansprache den über einer Million Jugendli-

chen mehrfach zu: »Dass sie uns nicht die Hoffnung rauben!«
Gleichzeitig forderte er die jungen Menschen vor dem Hintergrund verbreiteter Armut und Perspektivlosigkeit zum Zusam-
menhalt auf. Außerdem bat er die Jungfrau von Luján darum,
die »Hoffnung zu erneuern«. Mit der Jungfrau meinte er die
Legende, die sich um eine Marienstatue rankt, der die Stadt Luján ihre Gründung verdankt. Argentinische Kommentatoren
verstanden das als Aufruf zur Veränderung und zur politischen
Stellungnahme. Die Ansprache steht auch im Zusammenhang
mit einem Dokument der Argentinischen Bischofskonferenz, das
die Perspektiven einer »erneuerten Nation« entwickelt.

Wörtlich predigte Bergoglio: »Mutter, schütze uns mit dei-
nem Angesicht vor denjenigen, die uns die Hoffnung rauben
wollen! Die Mutter blickt auf alle und auf jeden, aber seit Langem schon sorgt sie sich um die ärmsten unter ihren Kindern:
um die Kinder, die im Auf und Ab des Lebens am Wegrand zu-
rückbleiben. Die ausgegrenzten Kinder, die ausgenutzt wurden
oder denen das Leben übel mitgespielt hat. Diese Söhne und
Töchter haben Namen: Sie sind die Kinder der Gottesmutter.
Siehe Mutter, so viele Ausgeschlossene, es sind deine Söhne und
Töchter. Richte deinen Blick auf sie und lass in ihren Herzen die
Hoffnung wieder aufleben!«

BERGOGLIO VERSUS FRANZISKUS

W ie viel von den Werten des Priesters Jorge Mario Bergoglio der Papst Franziskus übernimmt und übernehmen
kann, darüber sind sich die Beobachter noch uneins. Ebenso wie
über die Frage, ob die Amtszeit des neuen Papstes einmal als
konservativ oder als fortschrittlich angesehen werden wird. Die
Zeitung *Die Welt* fragte dazu Sergio Rubio, den Mitautor der
autorisierten Biografie Bergoglios, *El Jesuita*. Der fasst zusam-

men: »Ist Bergoglio progressiv, steht er vielleicht der Befreiungskirche nahe? Nein, er ist kein Dritte-Welt-Priester. Kritisiert er den Internationalen Währungsfonds und den Neoliberalismus? Ja. Verbringt er einen großen Teil seiner Zeit mit den Armen in den Slums? Ja!«

Vielfach wird Bergoglio als theologisch gemäßigt und dialogbereit beschrieben, gilt als »Versöhner«. Auch steht er der konservativen und sozial engagierten Laienbewegung »Comunione e Liberazione« nahe. Comunione e Liberazione bedeutet Gemeinschaft und Befreiung. Die Organisation ist in rund 70 Ländern auf allen Kontinenten präsent. Ein formelles Mitglied ist Bergoglio nicht, denn es ist keine Mitgliedschaft vorgesehen, sondern nur die freiwillige Teilnahme. Niemand kennt daher eine genaue Zahl der Mitglieder beziehungsweise Teilnehmer. Man schätzt, dass es weltweit rund 100 000 sind. »Comunione e Liberazione« wurde 1954 von dem Mailänder Priester Luigi Giussani gegründet und 1982 durch Papst Johannes Paul II. offiziell anerkannt. Nach dem Tod Giussanis am 22. Februar 2005 übernahm der spanische Priester Julián Carrón die Leitung der Gemeinschaft. Auch Mario Mauro, der ehemalige Vizepräsident des Europäischen Parlaments, ist Mitglied. »Comunione e Liberazione« gilt in Italien als einflussreiche Organisation, nicht nur in Bezug auf die katholische Kirche.

Der bereits erwähnte argentinische Journalist und Buchautor Horacio Verbitsky wurde über Bergoglio von der *Tageszeitung* so zitiert: »Medien in Europa rücken ihn, weil er aus Lateinamerika kommt, in die Nähe der Befreiungstheologie. Nein, er ist ihr größter Feind. Unter seiner Regentschaft bei den Jesuiten wurden Dutzende Artikel veröffentlicht, die sich vehement gegen die Befreiungstheologie aussprachen.«

»Bergoglio ist weit davon entfernt, ein Anhänger der lateinamerikanischen Befreiungstheologie zu sein. Aber sein soziales Engagement – oft unterhalb der Wahrnehmungsschwelle der Medien – bringt ihm Anhänger, wo sie von einem konservativen Bischof nicht vermutet würden«, schrieb auch die Schweizer *Thurgauer Zeitung*.

Die sogenannte Befreiungstheologie ist in Lateinamerika entstanden. Es handelt sich um eine christliche Theologie, die sich als »Stimme der Armen« bezeichnet. Sie hat das Ziel, zur Befreiung aus Entrechtung, Unterdrückung und Ausbeutung beizutragen. Ausgehend von der Lebenssituation sozial benachteiligter Bevölkerungsschichten interpretiert sie biblische Tradition als Impuls für umfassende Gesellschaftskritik. Die Bibel wird auf der Grundlage der Lebenserfahrung der Armen ausgelegt. Sie arbeitet für eine basisdemokratische und überwiegend sozialistische Gesellschaftsordnung.

Die Grundidee der Befreiungstheologie kam seit etwa 1960 aus katholischen Gemeinden in Brasilien. 1968 trat sie erstmals im Rahmen der zweiten allgemeinen lateinamerikanischen Bischofskonferenz (CELAM) in Medellín mit einer Parteinahme für die Armen auf. Ihren Namen gab ihr das 1971 erschienene Buch *Teología de la liberación* von Gustavo Gutiérrez.

Anhänger der Befreiungstheologie hatten es in der Kirche nicht immer leicht, wie Wolfgang Thielmann für die *Zeit* schreibt. So verurteilte Papst Johannes Paul II. 1985 den Theologen Leonardo Boff zum Bußschweigen. Das hieß: ein Jahr lang Rede- und Lehrverbot. Der Franziskanermönch und Ethikprofessor an der Hochschule des Ordens in der Nähe von Rio de Janeiro war eine Berühmtheit in Lateinamerika. Das Verbot machte ihn und die Theologie der Befreiung laut Thielmann nun auf der ganzen Welt bekannt – als den Repräsentanten der aufstrebenden Theologie der Befreiung.

Die Theologie der Befreiung war laut Thielmann ein radikales Reformprogramm. Anfang der Siebzigerjahre war demnach einigen Theologen in Lateinamerika bewusst geworden, dass der Umgang mit Armen auch für die Glaubwürdigkeit der Kirche entscheidende Bedeutung hatte.

Der Vatikan jedoch bezeichnete die Theologie der Befreiung ab 1984 als Irrlehre. Erst spät habe man auch dort die Bedeutung der Impulse erkannt, die seit den Siebzigerjahren aus Lateinamerika kamen. Und nun regiert im Vatikan ein neuer Papst. Der sich, wie Thielmann weiter schreibt, als Befreiungstheologe inszeniert, ohne Befreiungstheologe zu sein.

Mehr offene Fragen

Die Armut ist sicher eines der größten Probleme in vielen Ländern. Doch wie stark auch Franziskus sich diesem Thema widmet, von einem Papst erwarten die Gläubigen auch Antworten auf ganz andere Fragen. Und werden die gestellt, dann steht der eben noch so weltoffen wirkende Pontifex oft ganz anders da. Gerade in Fragen der Kirchenpolitik und der Morallehre gilt Bergoglio nämlich als höchst konservativ. Er sprach sich immer gegen die Abtreibung aus, er unterstützt den Priesterzölibat und befürwortet eine starke Kirchenhierarchie. Auch eine stärkere Rolle der Frau wird es unter ihm kaum geben. Homosexuelle dürften ebenfalls keine Anerkennung durch den Papst erfahren.

Katholische Kirche und Homosexualität, das war schon immer ein schwieriges Thema. Zahllose Predigten verurteilten gleichgeschlechtliche Beziehungen. Mancher mochte den Priestern und Kardinälen ihre Abneigung dagegen auch glauben – bis die vielen abscheulichen Geschichten ans Licht kamen, die heute unter dem Oberbegriff Missbrauchsskandal zusammengefasst werden. In aller Welt sollen sich Geistliche vor allem an jungen Knaben vergriffen haben.

Benedikt XVI. blieb trotzdem der alten Linie treu. Er sagte sogar, wer die traditionelle Familie infrage stellt, der bedroht die menschliche Würde und schadet nicht weniger als der Zukunft der Menschheit. Zudem mischte er sich in die Diskussionen über eine Legalisierung gleichgeschlechtlicher Ehen ein, die in Frankreich und Großbritannien geführt wurden.

Am Ende musste aber wohl auch er einsehen, dass nicht alle seiner Glaubensbrüder dem gleichen Geschlecht abgeneigt sind. Berichte über ein geheimes Schwulennetzwerk im Vatikan machten die Runde – und sie sollen neben gesundheitlichen Gründen ein weiterer Auslöser für den Rücktritt gewesen sein.

Bergoglios Ansichten ähneln denen Benedikts – auch er hat immer die bisherige kirchliche Lehre in der Frage der Homosexualität vertreten. Die Legalisierung der gleichgeschlechtlichen Ehe in Argentinien soll er im Jahr 2010 in einem Brief an die argentinische Regierung scharf kritisiert haben. Das sei ein »echter und bitterer anthropologischer Rückfall«.

Einen weiteren Brief in dieser Angelegenheit schickte er an die Klöster von Buenos Aires: »Lasst uns nicht naiv sein, wir reden nicht von einem einfachen politischen Schlagabtausch; es ist eine destruktive Anmaßung gegen den Plan Gottes. Wir reden nicht über ein bloßes Gesetz, sondern eher über eine Intrige vom Vater der Lügen, welche die Kinder Gottes zu verwirren oder zu täuschen versucht.«

Das ohnehin angekratzte Verhältnis zu der argentinischen Präsidentin Cristina Fernández de Kirchner stellte er damit erneut auf die Probe. Kirchner kritisierte die Haltung des damaligen Vorsitzenden der Argentinischen Bischofskonferenz dann auch in ähnlich deutlichen Worten: Der Ton der Kirche erinnere sie an »Mittelalter und die Inquisition«, erklärte sie.

Bergoglio stand jedoch mit seiner Ansicht in Argentinien nicht allein. Im Land kam es zu Protesten gegen das Gesetz zur Homo-Ehe, 60 000 Menschen zogen vor das argentinische Parlament, nahmen an einer Demonstration am Vorabend der Abstimmung teil. Veranstalter waren die katholische Kirche und evangelikale Gruppierungen. Wenn es um die Durchsetzung eigener Forderungen geht, weist Bergoglio auch Unterstützung von Gruppen außerhalb der katholischen Domäne nicht zurück – da ist der in Sachen Homosexualität so konservative katholische Kirchenmann dann wieder sehr offen.

Die Meinung Bergoglios verschlechterte nicht nur das Verhältnis zu Kirchner weiter. Zusätzlich verursachte es Probleme mit der oppositionellen PRO-Partei um Bürgermeister Mauricio Macri. Die Partei ist liberal-konservativ und vereinigt unterschiedliche Werteverständnisse. Die Abstimmung zur Homo-Ehe war daher eine regelrechte Zerreißprobe für die Partei. Die eindeutige und scharfe Verurteilung des Gesetzes belastet seitdem auch das Verhältnis zwischen Macri und Bergoglio.

Nicht nur die gleichgeschlechtliche Ehe ist Bergoglio ein Dorn im Auge, sondern alles, was im weitesten Sinne mit Homosexualität zusammenhängt. Er stellte sich daher 2012 auch strikt gegen ein neu verabschiedetes Gesetz, wonach in Argentinien Transvestiten und Transsexuelle unter ihrem gewählten Geschlecht anerkannt werden.

Auf der anderen Seite berichtet der brasilianische Befreiungstheologe und Vatikankritiker Leonardo Boff in einem Interview mit dem *Spiegel*, Bergoglio sei liberaler, als man denkt. Laut Boff hat der Papst erst vor Kurzem ausdrücklich zugelassen, dass ein gleichgeschlechtliches Paar ein Kind adoptierte. Außerdem habe er zu Priestern gehalten, die von der Amtskirche verstoßen wurden, weil sie geheiratet hatten.

Keine zwei Meinungen gibt es zu Franziskus' Haltung, wenn es um das Thema Sterbehilfe geht. Die lehnt er in vollem Umfang ab, das gilt auch bei Todkranken. Überraschen mag seine Meinung zu Kindern lediger Mütter. Es soll Priester geben, die sich weigern, Kinder von ledigen Frauen zu taufen. In diesen Kreis gehört nun aber nicht Bergoglio, der diesen Umstand vielmehr öffentlich anklagte. Solche Geistliche seien die heutigen Scheinheiligen.

Der Umgang mit Geschiedenen wird sich unter Papst Franziskus kaum ändern. Auch im Hinblick auf wiederverheiratete

Geschiedene liegt er auf der Linie, die schon Benedikt XVI. vertrat. Eine Aussage Bergoglios zu dem Thema: »Sie sollen sich in den Pfarreien engagieren und sich in die geistliche Communio der Kirche eingliedern. Dort gibt es ja Aufgaben für sie.« Den Ausschluss von den Sakramenten müssten Priester diesen Menschen so erklären, dass sie die Gründe dafür verstehen könnten.

Schon in Argentinien setzte sich Bergoglio strikt gegen die Abtreibung ein, auch als richterliche Urteile das herrschende Verbot 2012 lockerten. Er nannte die Legalisierung der Abtreibung »bedauerlich«. Das wird sich auch nicht dadurch ändern, dass deutsche Bischöfe etwa von ihrem absoluten Nein zu der sogenannten Pille danach abrückten. Sie stimmen nun einer Verschreibung zu, wenn die Pille verhütend und nicht abtreibend wirkt. Hintergrund war eine Diskussion, die sich entfachte, nachdem zwei katholische Krankenhäuser ein Vergewaltigungsopfer abgewiesen hatten. Die Begründung lautete, dass notwendige Untersuchungen mit dem Verschreiben der Pille danach verbunden wären.

Papst Franziskus macht den Unterschied zwischen Verhütung und Abtreibung nicht: »Die Wissenschaft weiß, dass vom Moment der Empfängnis an das neue Sein den gesamten genetischen Code in sich trägt.« Er lehnt auch Kondome ab, akzeptiert sie nicht einmal als Schutz vor Aids. Allgemein wird davon ausgegangen, dass Bergoglio die Linie seines Vorgänger fortsetzt und damit auch andere Formen der Verhütung ablehnt.

Seine berühmteste Äußerung zum Thema ist diese: »Schwangere haben schließlich keinen Tumor im Bauch.« Er sagte auch, dass er aus dem Beichtstuhl viele traurige Geschichten von Frauen kennt, die abgetrieben haben. Außerdem prangerte er an, dass mit der Abtreibung Geschäfte gemacht würden.

REFORMER ODER TRADITIONALIST?

Die erste Predigt von Papst Franziskus vor den Kardinälen hatte noch wenig von dem Elan und der Frische, mit der er sich den Menschen draußen präsentierte. Einen Tag nach seiner Wahl fand an jenem Donnerstagabend in der Sixtinischen Kapelle vor den Kardinälen die heilige Messe »pro ecclesia« statt, »für die Kirche«. Trotzdem war schon dieser Abend ungewöhnlich: Franziskus sprach frei, und er sprach im Stehen, außerdem fiel die Predigt recht kurz aus. Thema der Predigt waren drei wichtige Aufträge der Kirche: gehen, aufbauen und bekennen.

Zum Gehen sagte er: »Unser Leben ist ein Weg, und wenn wir anhalten, geht die Sache nicht. Immer gehen, in der Gegenwart des Herrn, im Licht des Herrn, und dabei versuchen, rechtschaffen zu leben, so, wie Gott es in seiner Verheißung von Abraham verlangte.«

Das Aufbauen handelte vom Aufbau der Kirche: »Steine haben Festigkeit; aber es geht um lebendige Steine, um vom Heiligen Geist getränkte Steine. Die Kirche, die Braut Christi, auf jenen Eckstein aufbauen, welcher der Herr selbst ist.«

Der Abschnitt zum Bekennen schließlich bildete die Klammer, die alle drei Punkte verband: »Wir können gehen, wie weit wir wollen, wir können vieles aufbauen, aber wenn wir uns nicht zu Jesus Christus bekennen, geht die Sache nicht.« Dann nutzte Bergoglio zur weiteren Erklärung überraschend den Vergleich mit einer Sandburg am Strand: »Wenn man nicht geht, bleibt man da stehen. Wenn man nicht auf Stein aufbaut, was passiert dann? Es geschieht das, was den Kindern am Strand passiert, wenn sie Sandburgen bauen: Alles fällt zusammen, es hat keine Festigkeit. Wenn man sich nicht zu Jesus Christus bekennt, kommt mir das Wort von Léon Bloy in den Sinn: ›Wer nicht zum Herrn betet, betet zum Teufel.‹ Wenn man sich nicht zu Jesus Christus bekennt, bekennt man sich zur Weltlichkeit des Teufels, zur Weltlichkeit des Bösen.«

Entweder Jesus Christus oder Teufel, dazwischen gar nichts. Das zeigt wieder einmal, wie unterschiedlich Jorge Mario Bergoglio auftreten kann. Der Bergoglio, der vom Teufel spricht, das ist der konservative Theologe. Derjenige, der Armut und Sklaverei anprangert, ist der, den viele als fortschrittlich wahrnehmen und sogar als Linken bezeichnen.

Doch was für Europäer so gar nicht zusammenpassen mag, hat der amerikanische Vatikan-Korrespondent John L. Allen bereits in einem Buch zusammengefasst, das den Titel *Das neue Gesicht der Kirche* trägt. Gemeint ist damit nicht Papst Franziskus allein. Vielmehr geht es darum, dass die Kirche künftig viel mehr von südlichen Ländern geprägt sein wird, und dass damit übliche Einordnungen ihren Wert verlieren. Die Unterscheidung in konservativ oder liberal, in links oder rechts beschreibt die Kirchenmänner aus diesen Ländern nicht mehr passend. Die kirchliche Morallehre dort stellt andere Werte in den Vordergrund als die Menschen mit typisch westlichen, liberalen Einstellungen und wirkt deswegen nach bisherigen Vorstellungen eher konservativ. Wenn es aber um Fragen der sozialen Gerechtigkeit geht, dann wirken die Forderungen aus dem Süden wesentlich fortschrittlicher als es die europäischen Kirchen gewohnt sind. Autor Allen glaubt, dass die neue südliche Kirche auf diesem Gebiet eine Vorreiterrolle für die gesamte Kirche einnehmen könnte. Der Korrespondent fasst beide Seiten unter dem Begriff »evangelikaler Katholizismus« zusammen und beschreibt damit eine katholische Kirche, die wieder mehr auf traditionelle kirchliche Werte setzt, sich andererseits aber auch politisch mehr einmischt, vor allem, wenn es um soziale Gerechtigkeit geht.

Ob die Kirche sich dann auch weniger mit Themen beschäftigt, die Menschen in wohlhabenden Ländern beschäftigen, muss sich noch zeigen. Nicht jeder glaubt nämlich, dass Franziskus sich überwiegend der Armutsbekämpfung widmet. Viele Kirchenkenner denken, dass es ihm in erster Linie um die

Verkündigung des Evangeliums geht, um das Gebet und die Spiritualität.

»Er richtet sich gerade auch an Menschen, die am Glauben zweifeln. Das ist Kern seiner Theologie«, sagte Florian Breitmeier, Religionsexperte des *NDR* in der *Tagesschau*. »Er hat primär kein politisches Programm. Er möchte den Menschen den Glauben näher bringen – die ›Frohe Botschaft‹. Nicht als fertiges Programm, sondern im Austausch mit den Gläubigen.«

Breitmeier hält Bergoglio für einen tief spirituellen Menschen. »Und spirituelle Menschen können im politischen Kontext oft gefährlich werden. Weil sie keinen Respekt vor Parteien haben, vor Flügelspielen und politischen Absprachen.« Das kann auch erklären, warum sich Bergoglio in Argentinien so oft mit der Regierung anlegte – er kennt oder beachtet die Regeln nicht, nach denen die Politiker funktionieren. Selbstverständlich gibt es dazu ganz andere Meinungen. Bergoglio wurde nämlich auch als jemand bezeichnet, der sehr gut weiß, wie er das Spiel der Mächtigen spielen muss.

Breitmeier aber stuft ihn anders ein: »Da ist jemand, der konservativ im theologischen Denken, in der Moraltheologie, sein kann und gleichzeitig dennoch progressive Ansätze haben kann, wenn es um die Zuwendung zu den Ärmsten und Schwächsten in dieser Gesellschaft geht.« Also genau so, wie der Amerikaner Allen das »neue Gesicht der Kirche« beschreibt.

Dass der argentinische Papst eine stärkere Abkehr der Kirche von Europa mit sich bringt, glaubt Breitmeier nicht und führt dazu auch die italienischen Wurzeln Bergoglios an. Für den Papst werde es ohnehin weniger um Länder und Kontinente, als vielmehr um eine globale Sicht gehen. Darum, auf welche der weltweit drängendsten Fragen die Kirche eine Antwort hat.

Auch der Jesuitenpater Bernd Hagenkord sieht keinen Widerspruch darin, dass der neue Papst viele Schubladen auf der ganzen Breite zwischen konservativ und progressiv füllt – und doch in keine wirklich passt. »Das zeigt nicht, dass er nicht weiß, was er will. Sondern unsere Kategorien stimmen nicht mehr.«

Der Journalist Horacio Verbitsky findet dagegen kaum wohlwollende Worte für Papst Franziskus. Er hält vielmehr vieles, was das Image Bergoglios ausmacht, für das Resultat einer durchdachten Inszenierung. Der *Tageszeitung* sagte er: »›Papst der Armen‹ – das kann schon sein, denn er ist ein konservativer Populist. Er ist sehr bedacht darauf, dass alle Welt weiß, dass er U-Bahn und Bus fährt, dass er alte Schuhe trägt und gebrauchte Kleider, dass er den kirchlichen Pomp ablehnt. Er ist ein großer Schauspieler. Seine Predigten übt er vorher ein, um ihnen dramatische Effekte zu geben, er gestikuliert viel. Er ist ein hemmungsloser Populist, recht flexibel in Fragen der Doktrin, allerdings unerbittlich gegen die Befreiungstheologie. Er redet sehr viel von den Armen – ein Populist eben.«

Und so geht es immer weiter hin und her, wenn Menschen, die ihn kennen oder zumindest behaupten, ihn zu kennen, über den Papst und dessen gerade begonnene Amtszeit sprechen. Da heißt es, er sei so etwas wie eine Ein-Mann-Armee im Kampf gegen die europäische Aufklärung, schon der sieche Johannes Paul II. habe ihm stark misstraut und sei ihm nur noch mit äußerstem Misstrauen begegnet. »Es hat der frische Wind gewonnen«, wird dagegen Vatikan-Veteran und -Experte Marco Politi vom *Spiegel* zitiert.

Den Papst scheint es aber gar nicht zu interessieren, was man über ihn sagt. Und auch zu den Medien hat Bergoglio eine Meinung, die sich nicht ganz mit dem laut Verbitsky populistisch denkenden Mann in Einklang bringen lässt: Journalisten, das seien Menschen, die nur zu gern im Kot wühlen – das sei allerdings gefährlich für sie, sie könnten durch all die Kotwühlerei erkranken.

Europäische Reformwünsche

Alles bleibt erst einmal so, wie es ist, darauf müssen sich die nach Reformen lechzenden Europäer einstellen. Der Papst hat sich bisher zwar noch gar nicht zu Themen der Sexualmoral oder etwa der Frage nach Frauen in Priesterämtern geäußert, doch bei allem, was man bisher über ihn weiß, ist das keine Überraschung. Es sind nicht seine vordringlichen Themen.

Auch bei den Beratungen der Kardinäle im Vorfeld des Konklave soll es nicht um Themen wie Zölibat, Priestertum der Frau, künstliche Verhütungsmittel, wiederverheiratete Geschiedene und Homosexualität gegangen sein. Was viele Katholiken in Deutschland interessiert, spielte bei den Beratungen vor dem Konklave kaum eine Rolle. Schließlich trafen dort Kirchenmänner aus aller Welt zusammen. Und außerhalb Europas haben viele Katholiken mit den Forderungen und der hier überwiegenden toleranten Haltung ihrer Glaubensbrüder und -schwestern ohnehin nicht viel am Hut. Katholiken in Nord- und Westeuropa müssen wohl akzeptieren, dass die Lehre der Kirche nicht in allen Punkten ihren eigenen Überzeugungen entspricht.

Wenn der jetzige Papst sich als Erzbischof in Argentinien äußerte, dann lag er ohnehin auf der Linie der geltenden Tradition der Kirche. Selbst wenn er wollte, könnte er nicht einfach das über den Haufen werfen, was Johannes Paul II. und Benedikt XVI. festgelegt haben. Sicher wird er sich in Zukunft zu aktuellen Fragen äußern und Stellung beziehen. Doch auch der Umstand, dass sein Amtssitz nun Rom ist, wird seinen Blick auf die Welt nicht vollkommen verändern. Vor allem wird es sicher nicht zu einem auf Europa verengten Blick führen. Zahlreiche Experten haben sich bereits zu Wort gemeldet und die Veränderungen der Kirche von morgen beschrieben. Einer Weltkirche, die natürlich dahin blicken wird, wo die Gläubigen wirklich sind – und das ist eben nicht Europa, wo das Interesse an Kirche und dem Glauben an sich seit Jahrzehnten schrumpft.

Eigentlich hat Bergoglio ja auch schon alles klargestellt: Nein zur Verhütung, nein zur Abtreibung, nein zur Homo-Ehe. Was noch nicht beantwortet ist, das ist die Frage zur künftigen Rolle der Frauen in der Kirche. Im Vorfeld wurde es als entscheidend für sein Pontifikat eingestuft, ob er den Frauen eine Antwort darauf geben kann, ob sie nun endlich eingebunden werden in die Entscheidungen der Kirche. Tatsächlich gibt es in Rom Überlegungen, bei denen es sich um ein eigenes Diakonat für Frauen dreht. Das soll aber kein Weiheamt sein.

Niemand sollte jedoch erwarten, dass es dazu schon bald eine Entscheidung geben wird, auch werden nicht bereits morgen Priesterinnen vor die Gläubigen treten. Doch ein Papst einer neuen Kirche, der gegen die Armut in der Welt kämpft, könnte zumindest eine Diskussion beschleunigen, ob nicht wirklich einige kirchliche Ämter auch Frauen offenstehen sollten. Das wäre dann zwar keine rein europäische Diskussion, aber eine, an der sich auch Europäer beteiligen könnten, weil sie dazu eine klare Meinung vertreten.

Vielleicht wird sich Franziskus wie in Argentinien auch offen und unverblümt zu den Äußerungen von Politikern zu Wort melden. Abzuwarten bleibt, welche Themen er für so wichtig hält, dass der Papst dazu etwas sagen will und muss.

BEDEUTUNG FÜR LATEINAMERIKA

Die Verweltlichung der Gesellschaft und die Abwendung von der katholischen Kirche, das sind typische Probleme in Europa. Aber es sind keine exklusiv europäischen Probleme. Auf der Bischofssynode in Rom im Oktober 2012 berichteten zahlreiche Bischöfe von ähnlichen Entwicklungen in ihren Heimatländern – auch wenn der Vatikan selbst gerne behauptet, das sei ein Minderheitenproblem der Westeuropäer.

Doch es ist nicht nur die Verweltlichung, die der katholischen Kirche Probleme bereitet, sondern damit auch die »Konkurrenz«. Das musste selbst Bergoglio in seiner Heimat erleben. Gern wird darauf hingewiesen, dass knapp die Hälfte der weltweit 1,2 Milliarden Katholiken in Lateinamerika zu Hause ist. Worüber die katholische Kirche nicht so gern spricht, das sind die Schwierigkeiten, mit denen sie auch dort konfrontiert ist. In Argentinien und anderen Länder haben protestantische Freikirchen starken Zulauf, weniger von den Armen als von der Mittelschicht.

Die Wahl eines lateinamerikanischen Papstes wurde als Zugeständnis Roms an den Kontinent mit den meisten Katholiken gewertet. Sie kann aber gleichzeitig auch als Reaktion auf die Abwanderung der Christen von der katholischen Kirche zu anderen Konfessionen angesehen werden.

In Argentinien wird die katholische Kirche sicher davon profitieren, dass sie nun einen ganz anderen Stellenwert in der Welt hat – in der christlichen und auch der politischen Welt. Ohnehin befindet sich Lateinamerika an sich schon seit geraumer Zeit im Aufwind. Nur hat davon außerhalb des Kontinents noch nicht jeder etwas mitbekommen. Die Wirtschaft läuft, der Mittelstand wächst und immer mehr Menschen entkommen aus der Armut.

MACHTGEFLECHT

Europa, Lateinamerika und die ganze Welt – vor Franziskus liegt viel Arbeit. Eine der wohl größten und schwersten Aufgaben erwartet den neuen Papst jedoch im eigenen Haus. Denn die katholische Kirche wurde in jüngster Zeit gleich von einer ganzen Reihe von Skandalen heimgesucht. Bei deren kompletter Aufklärung und den Lösungen für die Zukunft besteht noch viel

Handlungsbedarf. Hinzu kommen weitere offene Fragen, die die Kirche intern beschäftigen.

Der Missbrauchsskandal

Missbrauch von Kindern und Jugendlichen durch katholische Geistliche – das ist sicher eines der traurigsten Kapitel in der Geschichte der Kirche. Seit dem Jahrtausendwechsel wurden gerade in Europa und in den Vereinigten Staaten derartige Fälle bekannt – und es ging nicht um einzelne Taten, sondern um Missbrauch in großem Stil.

Jorge Mario Bergoglio hat sich als Kardinal nie zu diesem Thema geäußert, das die katholische Kirche in der ganzen Welt erschütterte. Dabei blieb auch seine Heimat nicht von derartigen Skandalen verschont: Schon im Jahr 1994 begannen dort Untersuchungen im Fall des Erzbischofs Edgardo Gabriel Storni: Ihm hatten 47 Seminaristen sexuellen Missbrauch vorgeworfen. Storni wartete nicht auf eine gerichtliche Klärung, vielmehr reiste er nach Rom und bat Papst Johannes Paul II. erfolgreich um ein Beenden der Untersuchung. 2002 machte ein Buch den Fall der breiten Öffentlichkeit bekannt, dann erst trat Storni zurück. Im Jahr 2009 wurde außerdem ein argentinischer Ordenspriester wegen sexuellen Missbrauchs an einem Jungen zu einer langen Haftstrafe verurteilt. Die katholische Kirche in Argentinien, mit Bergoglio als Erzbischof der Hauptstadt Buenos Aires in einer Hauptrolle, hielt sich die ganze Zeit bedeckt, gab öffentlich keine Erklärungen gab. Bekannt ist allein die Aussage, man würde die Klärung solcher Vorfälle der Justiz überlassen und deren Urteil akzeptieren.

Papst Benedikt XVI. wählte 2010 den Schritt in die Öffentlichkeit und bat erstmals um Entschuldigung für die bekannt gewordenen Vorfälle, versprach Aufklärung. Viele Kritiker sahen darin ein erstes Bemühen des Vatikans, Licht in die Verfehlungen zu bringen und die Verantwortlichen zu bestrafen – hielten Worte allein aber nicht für ausreichend. Tatsächlich kamen seitdem immer wieder neue Skandale ans Licht. Im Januar 2013 wurde der frühere Erzbischof von Los Angeles aus seinen Ämtern entlassen – der 76-jährige Kardinal Roger Mahony soll Missbrauchsfälle in seinem Wirkungsbereich verschleiert haben. Sogar das Konklave zur Wahl Papst Franziskus' wurde noch von dem Thema Missbrauch überschattet. Auf der Liste der Wahlberechtigten stand auch der schottische Kardinal Keith Michael Patrick O'Brien, der jedoch nicht am Konklave teilnahm. Es waren Vorwürfe laut geworden, O'Brien habe sich bereits in den Achtzigerjahren Seminaristen auf eine unangemessene Weise genähert. Was genau vorgefallen war, blieb unklar, doch auch von Körperkontakt war die Rede. Der Kardinal bestätigte die Anschuldigungen indirekt, indem er sagte, dass sein sexuelles Verhalten zeitweise unter den Standard gefallen war. Papst Benedikt nahm sein Rücktrittsgesuch zum 25. Februar an. Papst Franziskus hat sich in den ersten Tagen und Wochen seiner Amtszeit nicht zum weiteren Umgang der Kirche mit dem Thema Missbrauch durch Kirchenmänner geäußert.

Der Homosexuellen-Ring

Im Zusammenhang mit dem Rücktritt von Papst Benedikt XVI. wurde immer wieder auch von einem geheimen Schwulen-Netzwerk im Vatikan gesprochen. Das Wissen über dessen Existenz habe den Rücktrittswunsch des Papstes sogar entscheidend beeinflusst. Noch ist wenig über dieses Netzwerk bekannt – man weiß weder, was genau darunter zu verstehen ist, noch ob es tatsächlich existiert. Das Brisante daran ist nicht, dass einige Geistliche homosexuelle Neigungen haben. Es geht vielmehr darum, dass sich Kardinäle eventuell erpressbar machten, weil sie fürchteten, ihre sexuellen Neigungen könnten öffentlich werden. Papst Franziskus gilt nicht als Verteidiger der Homosexualität, es ist unklar, wie er sich verhält, wenn er mit den internen Untersuchungen zu dem Netzwerk konfrontiert wird.

Die Vatileaks-Affäre

Als weiteres undankbares Erbe der Amtszeit Benedikt XVI. gelten die Vorgänge, die unter dem Begriff Vatileaks bekannt wurden. Der Papst soll über Wochen und Monate von seinem Kammerdiener Paolo Gabriele bestohlen worden sein. Dabei ging es allerdings nicht um Geld oder Wertgegenstände, sondern um vertrauliche Dokumente.

Dass mit der Vertraulichkeit im Vatikan etwas nicht stimmte, wurde klar, als seit 2011 immer wieder interne und vertrauliche Informationen an die Medien gelangten. Darin ging es um Korruption, grobe Managementfehler oder auch die Bevorzugung von Günstlingen. Der Journalist Gianluigi Nuzzi fasste die Informationen in seinem Buch *Sua Santita* zusammen, schrieb über Lügen, Intrigen und Fehden im Kirchenstaat. Seinem Untertitel *Die geheimen Briefe aus dem Schreibtisch von Papst Benedikt XVI.* wurde das Werk durchaus gerecht: Der Inhalt von Briefen wurde ebenso öffentlich wie vertrauliche Faxe oder das Protokoll eines Treffens des Papstes mit dem italienischen Ministerpräsidenten.

Im April 2012 setzte Benedikt XVI. eine Untersuchungskommission ein, die dem Verrat auf die Spuren kommen sollte. Schon einen Monat später galt das Rätsel als gelöst: Am 25. Mai wurde Paolo Gabriel festgenommen.

Doch was zunächst wie das Ende der Affäre aussah, wird von einigen Beobachtern als reines Ablenkungsmanöver gewertet. Sie sehen den schlicht gestrickten Kammerdiener als ein Bauernopfer, von dem sich kaum vorstellen lässt, dass er allein hinter der Sache steckt. Dazu passt auch, dass Benedikt XVI. am 17. Dezember 2012 einen Geheimreport zur Affäre erhielt und er vorher zudem von Zuständen in der Kurie erfahren haben soll, die er kaum glauben konnte. Nun wird sich Franziskus mit dem Inhalt des Reports beschäftigen, und er muss sich mögliche Konsequenzen überlegen. Dieser Bericht liegt nun dem neuen Papst Franziskus vor.

Benedikt XVI. galt als jemand, der sich mit Verwaltungsaufgaben nur ungern beschäftigte, er widmete sich lieber dem Studium theologischer Schriften oder verfasste selbst welche. Franziskus dürfte durch die Vorfälle aber bewusst geworden sein, dass die Affäre erst mit einer vollständigen Aufklärung beendet ist – war der Kammerdiener nur ein Bauernopfer, kann es jederzeit zu weiterem Geheimnisverrat kommen.

Der Bank-Skandal

Hinzu kommt eine weitere Affäre: Der Vatikan hat eine eigene Bank, und die machte allem Anschein nach nicht nur saubere Geschäfte. Bei den Vorgängen rund um das »Istituto per le Opere di Religione« (IOR), das »Institut für religiöse Werke«, geht es um Verstrickungen mit der Mafia, gibt es Hinweise auf Nummernkonten und zweifelhafte Transaktionen. Vermögen von Diktatoren wurden ebenso verwahrt wie Gelder von Mafia-Paten.

Im Klartext lauten die Vorwürfe: Geldwäsche. Die Vatikanbank soll in der Vergangenheit unter anderem Gelder der italienischen Mafia gewaschen haben. Der ehemalige Chef des Instituts, Ettore Gotti Tedeschi, war den Vorwürfen auf die Spur gekommen und wollte aufräumen. Doch bevor er sein Ziel erreichte, wurde er entlassen. Wie es heißt, auf Druck von Würdenträgern des Vatikans, denen so viel Aufklärungswille zu weit ging. Auch der Europarat bestätigte, dass es in der Bank »anhaltende Defizite« im Kampf gegen Geldwäsche gibt. Mittlerweile hat die Vatikanbank mit dem deutschen Finanzexperten Ernst von Freyberg einen neuen Chef, ausgestanden ist die Affäre aber noch nicht.

Piusbrüder

Die Annäherung Benedikt XVI. an die ultrakonservativen Piusbrüder gilt als einer der größten Fehler seiner Amtszeit. Der Papst hatte 2009 die Exkommunikation von vier Bischöfen der Bruderschaft aufgehoben – einer von ihnen war der Brite Richard Williamson, der als Holocaustleugner gilt.

Später hatte der Vatikan Bedingungen für eine eventuelle Wiedereingliederung der Piusbrüder gestellt. Dazu zählte die Anerkennung des Zweiten Vatikanischen Konzils. Papst Benedikt versuchte bis zum Schluss, die endgültige Trennung der Priesterbruderschaft St. Pius X. von der Kirche zu verhindern. Im Vorfeld der Papstwahl spielte die Frage bei den Kardinälen allerdings kaum eine Rolle, ob die katholische Kirche den Traditionalisten einen Platz bieten soll. Franziskus muss nun entscheiden, ob er im Sinne Benedikts handelt, ob also das Angebot weiter besteht, dass die Piusbrüder einen eigenständigen Platz in der Kirche bekommen – unter der Bedingung, dass sie wichtige Beschlüsse des Konzils anerkennen.

Eigenständige Ortskirchen

Es geht aber nicht nur um all die kleinen oder großen Skandale, auch mit möglichen Veränderungen der Kirche an sich muss Franziskus sich beschäftigen. Viele Kardinäle möchten nicht mehr nur »Filialleiter« der großen Zentrale in Rom sein. Sie wünschen, dass die Ortskirchen auf ihre jeweils eigene Art die

Gesamtheit der Kirche repräsentieren. Vor allem afrikanische, asiatische und auch lateinamerikanische Ortskirchen wünschen sich eine größere Freiheit. Papst Franziskus muss nun also entscheiden, ob er die Einheit der katholischen Kirche stärkt oder ob er auch Widersprüche zulässt – und wenn ja, wie viele.

Nachwuchsförderung

Eine Versammlung der Bischöfe ist immer auch ein Treffen älterer Herren – und damit ein Spiegelbild der Situation, vor der die Kirche vor allem in der westlichen Welt steht. Die Zahl der jungen Männer, die sich für das Priesteramt entscheiden, sinkt scheinbar unaufhörlich. Was im Endeffekt die Existenz und Zukunft der katholischen Kirche bedrohen kann. Wie sich die Entwicklung aufhalten lässt, dafür gibt es zahlreiche Vorschläge – Aufhebung des Enthaltsamkeitsgebots oder auch die Zulassung von Frauen zum Priesteramt. Für die Ära Franziskus wird es wesentlich sein, welche Weichen der Papst für die Stärkung des Nachwuchses stellt.

Die Kurie und der Papst

Zu einer modernen Kirche gehört auch eine funktionierende Zentrale, die sich den veränderten Bedingungen anpasst. Im Vatikan jedoch herrschen Zustände, die an Königshöfe vergangener Zeitalter erinnern. Hier ist noch fast alles auf den Alleinherrscher ausgerichtet, ein ihm auch einmal kritisch zur Seite stehendes Kabinett gibt es nicht. Schon bei den Zusammenkünften der Kardinäle vor dem Konklave wurde daher häufig von einer nötigen Kurienreform gesprochen – sie gilt als eine der wichtigsten Forderungen der Kardinäle.

Das ist eine weitere Baustelle im Zentrum der Macht und ein weiteres Problem, das der neue Papst lösen muss. Vor allem auch, weil es entscheidend dafür ist, wie Franziskus all die anderen Aufgaben lösen kann. Denn es ist abzusehen, dass Franziskus beim Umgang mit vielen Themen auf Widerstand stoßen wird – auch aus den eigenen Reihen.

Dabei kann ihn ein Umstand behindern – oder er kann sich als hilfreich erweisen: Der Papst habe »wirklich keine Ahnung von der Kurie«, sagte Vatikan-Kenner Andreas Englisch am Tag nach der Wahl. »Mit dem ganzen Regierungsapparat hatte er bisher nichts zu tun. Das kann Schwierigkeiten bedeuten – auf der anderen Seite hat er keine Seilschaften, keine Leichen im Keller, er kommt als völlig unbeschriebenes Blatt.«

Franziskus selbst sagte, er komme »vom anderen Ende der Welt«, war also lange weit weg von Rom. Bleibt die Frage, ob das weit genug weg von den Intrigen und den Zerwürfnissen in der Kurie war, um die Probleme neutral und kraftvoll anzugehen – oder zu weit weg, um das Machtgeflecht wirklich zu durchschauen und auflösen zu können.

Entscheidend dafür ist auch die Frage, wen der Papst in seinem Umfeld postiert. »Vieles hängt ab von den Personalentscheidungen, die der Papst in den kommenden Wochen zu treffen hat«, bestätigte Ulrich Ruh, Chefredakteur der renommierten theologischen Fachzeitschrift *Herder Korrespondenz* in einem Gespräch mit der Nachrichtenagentur *dpa*. »Der neue Papst ist mit vielen Vorschusslorbeeren versehen worden, das Klima und die Voraussetzungen für ihn und die Reformer ist günstig.« Welche Richtung er einschlägt, das zeigt vor allem die Besetzung des Postens des Kardinalstaatssekretärs. Jenes Postens, der nach dem Rücktritt Benedikts vakant war. Umgibt sich Franziskus mit Vertrauten und Gleichgesinnten, dann sind laut Ruh Reformen wahrscheinlich und vielleicht auch eine Lösung der vielen Probleme. »In der Kurie wird Franziskus offenbar zugetraut, dass er Biss hat und Führung beweist. Doch er ist klug genug, vorsichtig zu sein.«

Dass nicht alles beim Alten bleibt, zeigte schon eine frühe Mitteilung des Presseamtes der Kirche: Darin hieß es, dass Franziskus die Chefs der vatikanischen Behörden im Amt bestätigt. Entscheidend war jedoch die exakte Formulierung. Üblich wären die Worte »donec aliter provideatur« gewesen, also »solange nichts anderes vorgesehen ist«. An diesem Tag wurde stattdessen ausdrücklich darauf hingewiesen, dass die Bestätigung nur »provisorisch« ist. Franziskus wünsche eine Zeit des Nachdenkens, des Gebets und der Gespräche, bevor er die endgültigen Ernennungen und Bestätigungen vornimmt. Diese Lösung sichert zunächst einmal einen reibungslosen Ablauf des alltäglichen Geschäfts. Sie sagt aber auch unmissverständlich, dass mancher Stuhl wackelt.

FRANZISKUS UND DIE RELIGIONEN

Tritt ein neuer Papst sein Amt an, beschäftigt das auch Anhänger anderer Glaubensgemeinschaften. Denn was der Papst sagt, beeinflusst das Verhältnis der Religionen untereinander. Längst nicht vergessen sind etwa jene Worte, mit denen Benedikt XVI. in der islamischen Welt für Aufsehen und Verärgerung sorgte. Bei seinem zweiten Besuch in Deutschland sprach der Papst am 12. September 2006 vor Wissenschaftlern der Universität Regensburg. Vor allem eine Passage wurde unter dem Titel »Papstzitat von Regensburg« bekannt und seitdem weltweit immer wieder diskutiert.

Die Worte lauteten: »Zeig mir doch, was Mohammed Neues gebracht hat, und da wirst du nur Schlechtes und Inhumanes finden wie dies, dass er vorgeschrieben hat, den Glauben, den er predigte, durch das Schwert zu verbreiten.« Im Original stammen sie von Manuel II. Palaiologos, der zwischen 1391 und 1425 als byzantinischer Kaiser in Konstantinopel herrschte, dem heutigen Istanbul. Es sind also die Sätze eines Mannes, der vor fast 600 Jahren lebte, und zwar an einem Schnittpunkt zwischen christlicher und islamischer Welt. In einer Zeit der kriegerischen Auseinandersetzungen, die schließlich dazu führten, dass Konstantinopel im Jahr 1453 von den Osmanen erobert wurde, die zum islamischen Teil der Welt zählten.

Der Satz mag vor Jahrhunderten erstmals gesprochen worden sein, doch aus dem Mund des Papstes besaß er auch nach dieser langen Zeit noch große Sprengkraft. Schließlich war im Jahr 2006 die Erinnerung an den fatalen Angriff auf das World Trade Center in New York noch frisch. Begriffe wie Gotteskrieger oder Selbstmordattentäter schürten in der westlichen Welt die Angst vor dem anderen Glauben. Von Benedikt wäre ein Schritt erwartet worden, der die Situation entschärft – doch er erreichte mit seinem Zitat das genaue Gegenteil. Später entschuldigte er sich zwar für den verursachten Aufruhr und ließ mitteilen, dass es ihm allein um Gedanken zu Religion und Gewalt gegangen sei. Die Worte an sich nahm er jedoch nicht zurück.

Vor diesem Hintergrund ist es nur zu verständlich, dass die islamische Welt genau beobachtet, wer der Mann ist, der nun den Heiligen Stuhl besetzt. Erste Stimmen klangen zuversichtlich und bezogen sich auch auf das bisherige Wirken des Papstes.

So gratulierte die OIC, die Organisation für Islamische Zusammenarbeit, Papst Franziskus zu seiner Wahl. OIC-Generalsekretär Ekmeleddin Ihsanoglu wies in einer Grußbotschaft auf den Ruf des neuen Kirchenoberhaupts als Anwalt der Armen und Verletzlichen hin, der die Botschaft der Liebe verbreite und so Hoffnung auf eine bessere und friedvolle Welt mache. Er drückte außerdem seine Hoffnung aus, dass durch die Zunahme von Kooperationen und freundschaftlichen Beziehungen zwischen den Muslimen und Christen die Dialoge zwischen beiden Seiten wieder aufgenommen werden, und forderte den Papst auf, sich für enge und freundschaftliche Beziehungen zwischen den

Anhängern des Christentums und des Islams einzusetzen, damit alle Völker in Ruhe und Sicherheit leben können. Dass Generalsekretär Ihsanoglu den Ruf Franziskus' als Anwalt der Armen hervorhob, kommt sicher nicht von ungefähr. Schließlich leben gerade auch in islamisch geprägten Regionen der Welt zahllose Menschen in bitterer Armut.

Wie genau der neue Papst das Verhältnis zu dieser anderen großen Weltreligion kitten will, auch das muss die Zukunft zeigen. Noch müssen überwiegend Vermutungen herhalten, es gibt aber auch reale Anzeichen für den Wunsch der Versöhnung. Die sind so leise und zurückhaltend wie die ganze Person des Jorge Mario Bergoglio, doch sie lassen sich nicht leugnen.

Zwar lassen sich im Leben des ehemaligen Erzbischofs keine wirkliche Anzeichen für Aktivitäten zur Stärkung des christlich-islamischen Dialogs finden. Auch gab es für ihn in seiner Heimat Argentinien nicht sonderlich viele Berührungspunkte mit dem Islam – abgesehen davon, dass in Buenos Aires die größte Moschee Lateinamerikas steht –, denn unter den etwa 40 Millionen Argentiniern findet sich nur etwa eine halbe Million Muslime. Doch schon die ersten Minuten der Amtszeit des neuen Papstes lassen sich mit etwas gutem Willen als Botschaft für einen Neuanfang und eine Verbesserung der christlich-islamischen Beziehungen werten.

Jean-Louis Tauran fiel als Kardinalprotodiakon die Aufgabe zu, der wartenden Öffentlichkeit den neu gewählten Papst zu verkünden. Das ist seine Aufgabe und damit nicht überraschend. Doch Tauran ist auch der Kardinal, in dessen Zuständigkeitsbereich der interreligiöse Dialog fällt. Außerdem leitet er die Päpstliche Kommission für religiöse Beziehungen zu den Muslimen.

Tauran wird die Aussage zugesprochen, dass ihm die »Islam-Angst« Sorgen mache. Er empfahl das Lesen des Korans, um etwaigen Ängsten vorzubeugen.

Der aber wohl deutlichste Hinweis auf eine mögliche Verbesserung findet sich in fast jedem Satz, der über den neuen Papst gesagt oder geschrieben wird. Es ist der Name, den er für seine Amtszeit gewählt hat. Franziskus und damit Franz von Assisi steht nicht nur für den legendären Bettelmönch – sondern auch für einen frühen Christen, der friedlichen Kontakt mit dem Islam aufnahm, während sich beide Seiten bis dahin vor allem mit Waffengewalt begegneten.

Zwar gibt es über die Begegnungen zwischen Franz von Assisi und dem Islam unterschiedliche Überlieferungen. Und es kann als wahrscheinlich gelten, dass seine friedliche Kontaktaufnahme in erster Linie der Missionierung der Andersgläubigen dienen sollte. Aber allein schon, dass er seine Ansichten mit Worten vertrat, kann als Pionierleistung gelten.

Zum besseren Verständnis muss man die Zeit betrachten, in der Franz von Assisi den Dialog aufnahm. Sein Leben und Denken war geprägt vom Zeitalter der Kreuzzüge. Diese Kriege fanden vom ausgehenden 11. bis in das 13. Jahrhundert statt. Überwiegend waren sie religiös motiviert und richteten sich gegen die muslimischen Staaten im Nahen Osten. Im Jahr 1099 eroberten die Kreuzfahrer die heilige Stadt Jerusalem, es folgten weitere Kreuzzüge, mit denen man der Bedrohung durch weitere islamische Staaten begegnen wollte – meist ohne durchschlagenden Erfolg. Fast hundert Jahre nach der Eroberung verlor man auch die Macht über Jerusalem wieder an den mit Inbrunst bekriegten Gegner.

Franz von Assisi reiste der Überlieferung nach im Alter von knapp 40 Jahren nach Palästina. Man schrieb das 1219, und damit fiel die Reise in die Zeit des Kreuzzugs von Damiette. Dieser Kreuzzug wurde von der Kirche gefördert und diente nur einem Zweck: Jerusalem sollte zurückerobert werden. Der Name des Kreuzzugs bezieht sich allerdings auf die Hafenstadt Damiette in Ägypten. Die wurde nach schweren Kämpfen erobert, konnte aber nicht lange gehalten werden.

Franziskus schloss sich dem Kreuzfahrerheer an. Natürlich nicht als Krieger, davon war er weit entfernt. Er reiste als Missionar. Die Legende sagt, dass er trotz aller Warnungen und jeglicher Gefahr trotzend in das Lager des muslimischen Heeres vordrang. Dort soll er dann vor Sultan Al-Kamil gepredigt haben – dem Herrscher der Ayyubiden und einem der bedeutendsten islamischen Regenten seiner Zeit.

Die Predigt verfolgte zwei Ziele. Der naheliegende Teil bestand darin, dass Franziskus den Sultan bekehren wollte, was ihm nicht gelang. Das zweite Ziel war ebenfalls ambitioniert: Er wollte Frieden schaffen. Auch das war nicht von Erfolg gekrönt. Zwar soll der Sultan durchaus beeindruckt gewesen sein. Bald jedoch begann die Schlacht, der Kreuzzug ging ebenfalls weiter.

Was bleibt, ist die Tatsache, dass Franz von Assisi dem Islam eben mit Worten und nicht mit dem Schwert begegnet ist. Dass der neue Papst allerdings den Namen des Missionars wählte, weil er vorhat, mehr als eine Milliarde Menschen islamischen Glaubens zum Christentum zu bekehren, dürfte unwahrscheinlich sein. Ein derartiges Vorhaben müsste auch der gläubigste Christ als vollkommen unrealistisch ansehen.

Wenn bei der Namenswahl aber tatsächlich der Gedanke an die Reisen des Franziskus auch nach Palästina mitspielte, kann eigentlich nur der überwiegend friedliche Ansatz bei der Begegnung mit Andersgläubigen den Ausschlag gegeben haben.

Die Verbesserung der Beziehungen zwischen Islam und Christentum stellt sicher die schwierigste Aufgabe im Geflecht der Religionen dar. An anderer Stelle wird Franziskus mit offenen Armen empfangen und mit Vorschusslorbeeren bedacht – das gilt auch im Hinblick auf die katholisch-jüdischen Beziehungen.

Aus Israel erreichte den Papst kurz nach der Wahl bereits eine Einladung. »Er wird ein willkommener Gast sein«, sagte der israelische Staatspräsident Schimon Peres. »Der neu gewählte Papst repräsentiert Hingebung, die Liebe Gottes, Friedensliebe, eine heilige Bescheidenheit und einen neuen erwachenden Kontinent. Möge der Herr den neuen Papst segnen.« Peres nannte den Papst außerdem einen »Mann der Inspiration«. Anders als die islamische Welt fand er auch versöhnliche Worte für den emeritierten Papst Benedikt XVI., bezeichnete ihn als einen »lieben Freund unseres Volkes und einen tiefen Denker«, einen Mann, der viel getan habe, um die Beziehungen zwischen der katholischen Kirche und dem jüdischen Volk zu fördern.

Auch wichtige jüdische Organisationen in der Welt gratulierten dem neuen Papst und fanden lobende Worte. So nannte die jüdische Anti-Defamation League den Papst einen Mann, der »schon viele Verdienste« habe. »Das lässt uns beruhigt in die Zukunft schauen«, so die amerikanische Organisation, die gegen die Diskriminierung und Diffamierung der Juden eintritt.

Der Jüdische Weltkongress (WJC) wiederum handelte nach der Regel, dass ein Bild manchmal mehr sagt als tausend Worte. Daher verschickte man nicht einfach nur eine schriftliche Mitteilung an die Medien, sondern hängte noch ein Foto an. Das zeigte den WJC-Präsidenten Ronald S. Lauder gemeinsam mit dem argentinischen Kardinal Jorge Mario Bergoglio. Aufgenommen wurde das Bild 2008 in Buenos Aires. Die Botschaft war deutlich: Man kennt sich, man schätzt sich.

Als wäre das nicht genug der Wertschätzung, übermittelte Lauder noch »herzliche Grüße« des WJC und aller angeschlossenen jüdischen Organisationen in insgesamt 100 Ländern der Erde. Der neue Papst sei ein offen denkender Mann. Einer, der die Fähigkeit besitze, Brücken auch zu anderen Konfessionen zu bauen. Lauder erwarte eine weitere Vertiefung der engen Beziehungen zwischen der katholischen Kirche und den Juden. »Papst Franziskus ist für uns kein Unbekannter«, bestätigte er dann noch einmal das, was das Foto ohnehin schon deutlich zeigte.

Auch Rabbi Marvin Hier wollte zu den frühen Gratulanten gehören und veröffentlichte im Namen des Simon Wiesenthal Center (SWC) eine Eilmeldung. »Wir haben guten Grund, darauf zu vertrauen, dass Papst Franziskus ein unermüdlicher Verteidiger der historischen Nostra Aetate sein wird, der Erklärung zur Beziehung zwischen der Kirche und den nicht-christlichen Religionen, die während des Zweiten Vatikanischen Konzils verabschiedet wurde.«

In Deutschland schloss sich der Präsident des Zentralrats der Juden den Gratulanten an. Dieter Graumann drückte seine Hoffnung aus, dass der neue Pontifex den eingeschlagenen Kurs der Annäherung, der Freundschaft und des Vertrauens zwischen Christentum und Judentum fortsetzt und weiter verstärkt. Jorge Mario Bergoglio habe schon früher gezeigt, dass er der jüdischen Gemeinschaft »mit ganz besonderer Wärme und Herzlichkeit« begegne.

»Unsere Hände sind weit ausgestreckt, um den intensiven und freundschaftlichen Dialog mit der katholischen Kirche weiterzuführen«, so Graumann. Er verbinde mit dem Nachfolger von Benedikt XVI. Hoffnungen, die »tief aus unseren Herzen kommen«. Es gebe eine Basis, auf der sich auch Lösungen für schwierige Fragen finden würden.

Eine Basis gibt es auch im Hinblick auf die Ökumene, also die Zusammenarbeit der verschiedenen christlichen Kirchen. Der neue Papst sei stark in der Ökumene engagiert, verkündete der Schweizer Kurienkardinal und Präsident des Päpstlichen Einheitsrates Kurt Koch. Er erwarte daher weitere Impulse in diesem Bereich. »Die Ökumene liegt mir sehr am Herzen«, habe Franziskus ihm bei einer Begegnung unmittelbar nach der Wahl versichert. Er verstehe die Einheit der Christen als wichtige Voraussetzung für den Weg der Kirche und als verpflichtenden Auftrag des Zweiten Vatikanischen Konzils.

Zurückhaltender äußerte sich dagegen Friedrich Weber, der Landesbischof der Evangelisch-Lutherischen Landeskirche Braunschweig und Präsident der Gemeinschaft Evangelischer Kirchen in Europa (GEKE). Der Theologe ist engagiert für die Einheit der Kirche und Mitherausgeber der *Ökumenischen Rundschau*.

Grundsätzlich habe ihn die Wahl Jorge Mario Bergoglios »positiv überrascht«, sagte er in einem Interview mit der *Süddeutschen Zeitung.* Er habe sich einen Papst gewünscht, der in diesem Amt Mensch ist, und der versteht, was Menschen bewegt. Wichtig sei ihm außerdem ein Verständnis für das Christentum in anderen konfessionellen Gestalten.

Allerdings solle man nicht auf die Kraft und das Handeln eines einzigen Mannes vertrauen. »In Bezug auf die Ökumene kann der neue Papst sicherlich nur gemeinsam mit vielen anderen in der katholischen Kirche etwas erreichen.« Als Kirchenoberhaupt könne er aber dafür sorgen, dass sich die Glaubenskongregation mit ökumenischen Ergebnissen auseinandersetzt. Außerdem kann er in Predigten und öffentlichen Äußerungen Impulse setzen. Noch sei aber über das Ökumeneverständnis des neuen Papstes gerade in Deutschland zu wenig bekannt, um sagen zu können, welche Signale von ihm ausgehen werden.

Wichtig ist laut Weber die Frage, was Franziskus überhaupt unter dem Begriff Kirche versteht. Er weist in dem Interview in diesem Zusammenhang auf ein Schreiben hin, das 2007 von der römischen Glaubenskongregation veröffentlich wurde – und das von Amtsvorgänger Benedikt XVI. autorisiert war. In dem Schreiben heiße es, dass die evangelischen Kirchen nicht als Kirchen im eigentlichen Sinne zu verstehen sind, sondern lediglich als Gemeinschaften. Erschüttert habe ihn auch, dass von Defekten auf protestantischer Seite die Rede war.

Doch Friedrich Weber will nicht schwarzmalen. Er spricht auch über die Fortschritte im ökumenischen Miteinander während der vergangenen 50 Jahre. Es gebe Partnerschaften kirchlicher Gemeinden, in deren Rahmen katholische und evangelische Christen dieselben Räume nutzen oder gemeinsam Gottesdienste feiern. Es gibt eine wechselseitige Anerkennung der Taufe und Lehrgespräche, in denen Theologen beider Konfessionen nach gegenseitigem Verständnis suchen. Es wurde also bereits viel erreicht – in welcher Form noch offene Fragen zu klären sein, das muss auch das Handeln des Papstes in der Zukunft zeigen.

Die Stimmen der Welt

Frischer Wind für die katholische Kirche, mehr interreligiöser Dialog, Kampf gegen die Armut in der Welt – an den neuen Papst sind viele Erwartungen geknüpft. Noch allerdings überwiegt in der Welt die Begeisterung über den unkonventionellen Papst, diesen Franziskus, der sich so anders gibt als seine Vorgänger.

Bis heute wirkt die überraschte und freudige Stimmung nach, die sich ausbreitete, nachdem Franziskus die Gläubigen am 13. März 2013 auf dem Petersplatz in Rom mit einem »Buona sera!« begrüßte.

Argentinien

Stolz, ausgelassene Freude, er wird enthusiastisch gefeiert – in seiner Heimat Argentinien ist Papst Franziskus schon jetzt ein Volksheld. War dort mit der Hand Gottes bisher vor allem Diego Maradona gemeint, der bei der Fußballweltmeisterschaft 1986 mit der Hilfe seiner Hand ein irreguläres Tor erzielte, hat das Land nun wirklich eine Hand Gottes, einen Stellvertreter Gottes auf Erden aus dem eigenen Land.

Die Argentinier feierten seine Wahl ausschweifend. In den Tagen danach herrschte eine Stimmung, als hätte Argentinien die Fußball-WM gewonnen, ohne Handspiel. Jubel und Applaus vor der Kathedrale, in der Franziskus als Erzbischof wirkte.

Die Gefühle schlugen hoch, Menschen versammelten sich auch im Innenraum der Kathedrale und suchten dort die Nähe zum neuen Papst. Viele liefen zum Altar, bekreuzigten sich. Die Wahl hatte puren Enthusiasmus ausgelöst. Tausende strömten auf die Straßen im Zentrum von Buenos Aires, Hupkonzerte überall. Doch diese Tage zeigten einmal mehr auch das tiefkatholische Argentinien: Immer wieder traf man auf Menschen, die in stilles Gebet versunken waren.

Am Abend vor der offiziellen Amtseinführung herrschte erneut Feiertagsstimmung. Unzählige Menschen versammelten sich im Zentrum von Buenos Aires. Die Stadt fieberte der ersten Messe und dem offiziellen Beginn des Pontifikats entgegen: Vor der Kathedrale tanzten und sangen die Menschen in der Nacht. Musikgruppen traten auf, Schüler sangen Lobeslieder auf den Papst – der Bürgermeister hatte für den Tag von Franziskus' Amtseinführung schulfrei angeordnet. Videoleinwände wurden aufgestellt, übertrugen live die Bilder der Amtseinführung.

Die Kommentare der Menschen im Land zeigten aber auch, wie vielseitig die Gründe für die Freude waren. Mancher war einfach beigeistert, dass die Welt nun auf Argentinien blickte, andere dachten an die Kirche an sich. »Wir hatten Messi und Maradona und jetzt auch noch den Papst!«, sagte einer bei der Feier vor der Kathedrale. »Das ist ein Segen für Argentinien«, rief eine Frau. »Ich hoffe, er macht all diesem Luxus im Vatikan den Garaus«, erklärte dagegen der pensionierte Staatsanwalt Jorge Andres Lobato.

Adriana Giménez weinte vor Freude. »Ich bin sehr gerührt und auch überrascht. Als ich die Nachricht gehört habe, bin ich sofort aus meinem Büro gestürmt. Ich kann es noch gar nicht glauben. So lange kenne ich ihn schon, habe ihn immer bei den Messen gesehen. Er ist ein sehr empfindsamer und kämpferischer Mensch, und ich bin mir nicht sicher, ob es sein größter Wunsch war, Papst zu werden. Aber ich bete für ihn. Mit Bergoglio als Papst wird die Welt hoffentlich stärker auf Lateinamerika blicken.«

»Ich hätte niemals damit gerechnet, dass ein Argentinier Papst wird«, sagte María Cajal. »Alle haben gedacht, dass es ein Brasilianer oder Italiener wird. Da ich sehr gläubig bin, macht mich diese Entscheidung unglaublich glücklich. Für alle Argentinier ist das ein wichtiger Moment.«

Dass »wieder die Hand Gottes« im Spiel gewesen sein muss, wurde schnell zum geflügelten Wort, wie auch viele spontane Kommentare auf dem Kurznachrichtendienst Twitter zeigten. Meist aber ging es einfach um eines: »Argentinien ist Papst! Lasst uns feiern!«

Mitarbeiter Bergoglios wurden nicht müde, die Bescheidenheit und Intelligenz des neuen Papstes zu loben. »Er ist sehr unkompliziert und fühlt mit den Bedürftigsten«, sagte der Weihbischof von Buenos Aires, Eduardo García. Seine Nähe zu den Menschen und seine Ausstrahlung seien seine großen Tugenden. Die Hoffnungen der Argentinier: Bergoglio wird die Anliegen Südamerikas in der katholischen Kirche stärken, die Glaubwürdigkeit erhöhen.

Auch in der Politik spürte man schnell, dass man angesichts des Freudentaumels im Volk die anfängliche Skepsis und Distanz nicht aufrechterhalten konnte. Der Vorsitzende der Abgeordnetenkammer, Julián Domínguez, rief aus: »Es gibt einen Papst, und der ist Argentinier!« Der Oppositionsführer und Abgeordnete Ricardo Alfonsín gab sich »ergriffen und glücklich« über die Wahl Bergoglios. »Als Argentinier bin ich stolz darauf, dass Kardinal Bergoglio der neue Papst ist«, so der Sohn des ehemaligen Präsidenten Raúl Alfonsín, der das Land von 1983 bis 1989 führte.

Allein Präsidentin Christina Kirchner behielt ihre nüchterne bis frostige Haltung bei, die schon ihre erste Twitter-Nachricht nach der Papstwahl kennzeichnete. Einen Tag vor seiner offiziellen Amtseinführung empfing der neue Papst Kirchner in Rom im Gästehaus des Vatikans, Santa Marta. Nach außen hin: Demonstrative Herzlichkeit, der Papst gab Kirchner einen Kuss auf die Wange, und sie sagte dazu: »Mich hat noch nie ein Papst geküsst.«

Der Kuss war Dank für die Gastgeschenke Kirchners: Sie brachte dem Papst aus der Heimat laut dem katholischen Nachrichtendienst *Kathpress* eine Mate-Pfeife samt Tee- und Zuckerdose und eine Thermoskanne mit. Bei der Begegnung holte die Staatschefin die in Seidenpapier verpackten Mitbringsel aus ihrer Umhängetasche, wickelte sie aus und gab sie Franziskus in die Hand.

Doch zu Freunden wurden sie auch jetzt nicht. Vatikansprecher Federico Lombardi stellte es so dar: Die beiden hätten etwa eine Viertelstunde lang »privat« miteinander gesprochen. Es habe ein »sehr informelles« Gespräch gegeben, anschließend ein gemeinsames Mittagessen. Keine weiteren Details.

Und auch die homosexuelle Gemeinde im Land konnte der Wahl nichts Gutes abgewinnen: Argentinien führte als erstes Land in der Region 2010 die Homo-Ehe ein – Bergoglio war bekanntlich strikt dagegen. Er nannte das Gesetz sogar ein »Werk des Teufels« oder ein »Manöver des Teufels«.

Alex Freyre, Geschäftsführer der Buenos Aires AIDS Foundation und der erste Homosexuelle, der seinen Partner offiziell geheiratet hat, schrieb auf Twitter: Papst Franziskus wisse, dass die Schwulen-Ehe »nicht das Ende der Welt und nicht das der Menschen« sei. Jetzt könne er das auch auf Latein sagen. In einem weiteren Tweet schrieb er: »Vielleicht deutet die Tatsache, dass der Vatikan jetzt einen Papst aus einem Land gewählt hat, wo es die Homo-Ehe gibt, darauf hin, dass sie nun auch verstanden haben?«

Südamerika

Die Menschen in Argentinien reagierten also – abgesehen von den erwähnten Ausnahmen – überwiegend glücklich. Aber auch in anderen lateinamerikanischen Ländern überwiegt die Freude. »Ein Südamerikaner ist einfach offener als andere, während ein Europäer verschlossener ist«, sagt ein Mann in Santiago de Chile. »Ein Wandel wie dieser – mit einem Lateinamerikaner im Zentrum – ist sehr wichtig für den Kontinent«, freut er sich. »Ich bin froh«, bekennt ein Taxifahrer in Mexiko-Stadt. »Ein Papst aus Europa wäre so gewesen, wie wenn man dasselbe Brot jeden Tag isst.« Endlich habe die Kirche ein Tabu gebrochen, stimmt ein Katholik vor den Toren der Kathedrale in São Paulo in Brasilien zu.

Die Papstwahl zeige, dass die Kirche nun nach Lateinamerika schaue, erklärte Orani Tempesta, Erzbischof von Rio de Janeiro. Der Fokus dreht ein Stück weg von Rom, hin nach Südamerika – und vom Papst werden neue Blickwinkel, neue Schwerpunkte, wird ein neues Engagement für den Kontinent erwartet.

In Venezuela trauerte man, doch gerade von Übergangspräsident Nicolás Maduro ist eine Anekdote überliefert. Etwas mehr als eine Woche vor der Wahl Bergoglios war Venezuelas langjähriger Staatschef Hugo Chávez gestorben. Maduro verkündete nach der Wahl des Franziskus, er sei sich sicher, Chávez habe diesen Triumph Südamerikas für die Kirche herbeigeführt: »Wir wissen, dass unser Kommandant Chávez in diese Höhen aufgestiegen ist und Christus gegenübersteht. Er muss einen Einfluss auf die Wahl eines südamerikanischen Papstes gehabt haben.«

Brasiliens Bischöfe waren über die Wahl von Bergoglio sehr erfreut. »Das ist eine sehr angenehme Überraschung. Wir erwarten ihn mit viel Liebe und Warmherzigkeit zum Weltjugendtag im Juli in Rio de Janeiro«, so der Generalsekretär der Brasilianischen Bischofskonferenz (CNBB), Leonardo Steiner. Die Kirche Lateinamerikas, der der neue Papst entstamme, habe immer Zeugnis für Jesus Christus abgegeben und ihre Türen für die Armen offen gehalten. Dass der Argentinier als Papst aus der Wahl hervorgegangen ist, bestärke und unterstütze die Kirche dabei, sich um die Armen zu kümmern.

Brasiliens Präsidentin Dilma Rousseff beglückwünschte Papst Franziskus, die katholische Kirche und das argentinische Volk – blieb ansonsten aber bei üblichen diplomatischen Formulierungen. »Brasilien hat als größtes katholisches Land das Konklave und die Wahl des ersten lateinamerikanischen Papstes mit Aufmerksamkeit verfolgt.« Rousseff verwies auf den Weltjugendtag im Juli in Rio mit dem neuen Papst. »Dieser Besuch so kurz nach der Wahl des neuen Pontifex stärkt die religiösen Traditionen Brasiliens und die Verbindungen Brasiliens mit dem Vatikan.«

Doch auch hier sind mit der Freude Fragen verbunden: Wie wird sich Papst Franziskus gegenüber den anderen lateinamerikanischen Ländern verhalten? Besonderes Augenmerk gilt dabei den Ländern, die einen sozialistischen Kurs wie Chávez verfolgen. In ersten Reaktionen feierten Chávez' politische Erben in Venezuela und die befreundeten Regierungen die Wahl des ersten aus Südamerika stammenden katholischen Oberhauptes enthusiastisch.

Weltpolitik

Ist ein neuer Papst gewählt, melden sich selbstverständlich die Regierenden aus aller Welt zu Wort. Oft mit Allgemeinplätzen, manchmal aber auch mit durchaus herzlich klingenden Worten.

»Als Fürsprecher der Armen und der Schwächsten trägt er die Botschaft von Liebe und Mitgefühl weiter, die die Welt seit mehr als 2000 Jahre inspiriert hat«, sagte etwa US-Präsident Barack Obama.

Der russische Präsident Wladimir Putin ließ mitteilen: »Ich wünsche Ihnen, Ihre Heiligkeit, gute Gesundheit, Wohlergehen und eine fruchtbringende Tätigkeit zur Festigung des Friedens und zur Förderung des Dialoges zwischen den Zivilisationen und Religionen.«

»Der neu gewählte Papst steht für Hingabe, die Liebe zu Gott, die Liebe zum Frieden, eine heilige Bescheidenheit und einen neuen Kontinent, der gerade erwacht«, wurde der israelische Präsident Schimon Peres zitiert. »Wir brauchen, mehr als je zuvor, eine spirituelle Führerschaft und nicht nur eine politische. Wo politische Führer trennend wirken, können spirituelle Führer einen. Sie können sich um eine Vision vereinen, um Werte, den Glauben, dass wir die Welt zu einem besseren Ort zum Leben machen können.«

UNO-Generalsekretär Ban Ki Moon sah schon früh Gemeinsamkeiten mit dem Papst: »Wir teilen gemeinsame Ziele – vom Einsatz für Frieden, soziale Gerechtigkeit und Menschenrechte, bis zum Kampf gegen Armut und Hunger, alles wichtige Elemente der nachhaltigen Entwicklung.«

»Wir wünschen Ihnen ein langes und gesegnetes Pontifikat, das Eurer Heiligkeit und der katholischen Kirche erlauben wird, die Grundrechte des Friedens, der Solidarität und der Menschenwürde zu verteidigen und zu fördern«, ließen EU-Kommissionschef José Manuel Barroso und EU-Ratspräsident Herman Van Rompuy mitteilen.

Und Frankreichs Präsident François Hollande kündigte an: »Frankreich wird getreu seiner Geschichte und den Prinzipien von Freiheit, Gleichheit und Brüderlichkeit den vertrauensvollen Dialog mit dem Heiligen Stuhl fortsetzen.«

In Deutschland ließen es sich ebenfalls keine Partei und kein hochrangiger Amtsinhaber nehmen, etwas zu der Wahl zu sagen und dem Papst zu gratulieren. Das galt natürlich auch für Bundespräsident Joachim Gauck: »Mit Ihnen wird erstmals ein Lateinamerikaner Oberhaupt der römisch-katholischen Kirche – ein sichtbares Zeichen ihrer weltumspannenden Dimension. Sie haben den Namen Franziskus gewählt, eines Heiligen, dessen Zuneigung zu den Menschen und zur Schöpfung die Gläubigen aller Konfessionen bis heute bewegt und anrührt. Franziskus ist insbesondere für seine Hinwendung zu den Armen und Schwachen Vorbild für viele.«

Bundeskanzlerin Angela Merkel erklärte: »Weit über die katholische Christenheit hinaus erwarten viele von ihm Orientierung, nicht nur in Glaubensfragen, sondern auch, wenn es um Frieden, Gerechtigkeit, die Bewahrung der Schöpfung geht.«

»Man sieht, dass diese uralte Institution wirklich auch zu jähen Wendungen in der Lage ist«, lobte Bundestagsvizepräsident Wolfgang Thierse, SPD, die Wahl eines Lateinamerikaners. Thierse ist auch Mitglied im Zentralkomitee der deutschen Katholiken.

»Der Mensch steht im Mittelpunkt«, drückte SPD-Fraktionschef Frank-Walter Steinmeier seine Hoffnungen für das Pontifikat des einstigen Kardinals der Armen aus.

»In dieser historischen Wahl des ersten Lateinamerikaners zum Papst zeigt sich erneut, wie sehr sich die Welt verändert hat und wie sehr sich die Perspektiven und Gewichte verschieben. Ich wünsche Papst Franziskus ein Pontifikat des Friedens«, so Bundesaußenminister Guido Westerwelle, FDP. Sein Parteigenosse und Wirtschaftsminister Philipp Rösler erklärte: »Ich hoffe sehr, dass die katholische Kirche die Stärke findet, um Missstände konsequent aufzubereiten.«

Weltkirche

Die Glückwünsche katholischer Geistlicher nach der Wahl machten noch einmal deutlich, wie unterschiedlich und groß die Herausforderungen für einen Papst sind, der das Oberhaupt für mehr als eine Milliarde Gläubige auf allen Kontinenten ist.

Die afrikanische Kirche betonte die große kulturelle Nähe Afrikas und Südamerikas. Die Probleme der Menschen, der Katholiken, seien in beiden Erdteilen ähnlich.

Doch es gab auch Seitenhiebe auf die dortige Kirche: Sein bescheidener Lebensstil sei »ungewöhnlich für einen südamerikanischen Bischof«, betonte der Erzbischof von Pretoria, William Slattery.

»Die beste Wahl der Welt«, lobte der Direktor des katholischen Radios in Nairobi, Priester Paolino Mondo. Es sei keine Enttäuschung, dass nicht ein Afrikaner Papst geworden sei, vor allem kulturell sei »der Unterschied zwischen Lateinamerika und Afrika sehr klein.«

Der Bischof der Seychellen, Denis Wiehe, bezeichnete Papst Franziskus als »Mann des Volkes, der die Armen versteht«. Die Kirche stehe vor »einem Neuanfang«.

Die Bischofskonferenz in Indien gab ihrer Hoffnung Ausdruck, dass der Papst die Versöhnung der verschiedenen Religionen unterstütze. In Indien kommt es immer wieder zu Drohungen und Gewalt, etwa gegen die christliche Minderheit im ostindischen Bundesstaat Orissa.

Die Philippinen sind das Land mit der größten katholischen Bevölkerung in Asien – 81 Prozent der 92 Millionen Menschen sind Katholiken. Die Regierung dort setzt auf eine Erneuerung der Kirche. »Wir hoffen, dass dieses Pontifikat in einer Welt, die durch Spannungen, bewaffnete Konflikte, Armut, Unsicherheit und einen Vertrauensverlust in die Institutionen gekennzeichnet ist, als Stimme des Friedens, der Gerechtigkeit und Wohltätigkeit dient«, sagte Präsident Benigno Aquino.

Glückwünsche russischer Geistlicher betonten vor allem die konservativen Sichtweisen des Papstes, seine jesuitische Ordenszugehörigkeit, die ihm das Praktizieren der Worte Jesu aufträgt. Sein Engagement für die Armen wurde dabei überraschenderweise gar nicht thematisiert – vielmehr seine Ansichten zur Homo-Ehe. Darin sehen Kirche und Politik Möglichkeiten für eine bessere Brücke nach Rom. Denn das Verhältnis von Vatikan und russisch-orthodoxer Kirche ist seit der Kirchenspaltung, dem »Morgenländischen Schisma« von 1054, schwierig. Moskau wirft Rom vor, dass das Papsttum die russische Kirche unterwandert und im Land »parallele Strukturen« aufbaut. Zur katholischen Kirche bekennen sich nur eine Million der rund 142 Millionen Russen. Besonders Anfang des Jahrtausends kam es zu Spannungen, als in der russischen Bevölkerung eine starke Stimmung gegen die katholische Kirche aufkam.

Zuletzt hatten sich Moskau und Rom wieder angenähert – das war ein Herzensanliegen des zurückgetretenen Papstes Benedikt XVI. Nun sind natürlich die Blicke in dieser Angelegenheit stark auf Franziskus gerichtet: Werden sich das Verhältnis und die Beziehungen weiter verbessern, beflügelt der neue Papst die Beziehungen unter den Kirchenoberen? Moskau hofft es und sagt das deutlich.

Orthodoxe Kirchenvertreter in Moskau lobten wiederholt die konservative Haltung des neuen Heiligen Vaters. Auch dass der neue Papst als erstes Oberhaupt der römisch-katholischen Kirche den Namen Franziskus annahm, wurde wohlwollend zur Kenntnis genommen. Der Dienst an Armen und Benachteiligten sei heute eine Priorität für alle christlichen Kirchen. Auch die russisch-orthodoxe Kirche messe dem eine gewaltige Bedeutung bei.

»Er hat nicht nur einmal seine spirituelle Sympathie für die orthodoxe Kirche bekundet«, sagte Metropolit Hilarion, der als Außenminister des Moskauer Patriarchats gilt. Hilarion reiste sogar mit einer Delegation zur Amtseinführung von Franziskus in Rom. Möglicherweise könnte es in seinem Pontifikat zu einem Treffen von Franziskus und dem russischen Patriarch Kyrill kommen – Hilarion jedenfalls schließt ein Treffen nicht aus. Das wäre historisch. Schon unter Papst Benedikt XVI. hatte sich das Verhältnis zwischen der katholischen und der russisch-orthodoxen Kirche deutlich verbessert. Der russische Patriarch Kyrill würdigte nach dem Rücktritt des deutschen Pontifex die »guten und vertrauensvollen Beziehungen zwischen Orthodoxen und Katholiken« und hofft auf eine gute Zusammenarbeit mit dem neuen Papst.

Der polnische Theologieprofessor und langjährige Sekretär der katholischen Bischofskonferenz Polens, Bischof Tadeusz Pieronek, nannte die Wahl von Franziskus zum Papst »eine große

Überraschung«. »Wenn das der Wille des Konklaves war, dann heißt das, dass er ein Mensch ist, der Neues bringen soll«, sagte er der polnischen Nachrichtenagentur *PAP*. Er erinnerte daran, dass Jorge Maria Bergoglio Jesuit ist und einem Orden angehört, der in der Kirchengeschichte eine wichtige Rolle spielte. »Die Wahl kann den Versuch einer Öffnung für Veränderung bedeuten.«

Auch Bartholomaios I., Patriarch von Konstantinopel (Istanbul) und Oberhaupt der orthodoxen Kirchen, hofft auf die Fortsetzung des Dialogs zur Wiedervereinigung der katholischen und der orthodoxen Kirche, indem Franziskus den Dialog für die Vereinigung der beiden Kirchen fördern werde.

Der Kommission der europäischen Bischofskonferenzen, COMECE, ging es bei ihren Glückwünschen auch um Europa. Man wünsche sich vom Papst auch einen »frischen Enthusiasmus für eine gemeinsame Vision der Europäischen Union«. Zu dieser Vision zählen laut Patrick H. Daly, Generalsekretär der COMECE, auch christliche Werte, von denen sich die Gründer der Union inspirieren ließen. »Wir sind überzeugt, dass der Nachfolger auf dem Stuhl Petri mit Stolz anerkennen wird, was von den europäischen Nationen gemeinsam erreicht wurde, und er wird die verantwortlichen Politiker, sowie auch alle in der COMECE, ermutigen, in Solidarität und in Achtung des Subsidiaritätsprinzips, auf dem Weg der Einheit in Verschiedenheit für alle in der europäischen Familie weiterzugehen.«

»Alles Gute für seine enorme Verantwortung, die er sich im Namen der römischen Katholiken weltweit aufgeladen hat«, wünschte der Primas der Anglikanischen Kirche, Justin Welby. Die römisch-katholische und die anglikanische Kirche hätten schon immer eine besondere Beziehung gepflegt. Welby freue sich auf ein Treffen mit dem Papst. Er selbst war erst am 21. März und damit wenige Tage nach der Wahl in Rom in sein Amt eingeführt worden.

Die katholische Kirche in England und Wales reagierte ebenfalls freudig auf die Wahl. »Papst Franziskus darf sich der Gebete und der liebevollen Unterstützung der katholischen Gemeinschaft in England und Wales sicher sein«, sagte der Erzbischof Vincent Nichols.

Die Katholiken in den USA wünschen sich laut einer vor dem Konklave durchgeführten Umfrage eine deutliche Modernisierung ihrer Kirche. Sie wünschten die Erlaubnis, Kondome zu benutzen, um Aids einzudämmen. Stark sind auch die Stimmen für ein größeres Gewicht von Frauen in der Kirche – bis hin zu weiblichen Priestern. Deshalb hatten die meisten Katholiken in den USA auch einen jüngeren, reformfreudigen Papst gefordert.

Von Franziskus erwarten sie in jedem Fall die schonungslose Aufarbeitung kirchlicher Missbrauchsskandale in den USA. »Der Heilige Franziskus war der größte Reformer der Kirche in der Geschichte, Papst Franziskus muss dasselbe tun«, erklärte die US-Organisation »Netzwerk der Überlebenden von Missbrauch durch Priester« (SNAP) einen Tag nach der Wahl.

Auch im Jesuitenorden, dem der neue Papst entstammt, habe es zahlreiche Missbrauchsfälle gegeben. Für Millionen Kinder bestünde bis heute die Gefahr, dass sie die Missbrauchsopfer von katholischen Priestern würden. Denn die Kirche habe sich von ihrer Politik der Vertuschung weiterhin nicht verabschiedet. Franziskus, schreibt SNAP, habe »sowohl eine große Gelegenheit als auch die Pflicht«, dazu beizutragen, dass der sexuelle Missbrauch an Kindern durch katholische Geistliche verhindert wird. Das Netzwerk hofft zudem darauf, dass Franziskus die Namen schuldiger Priester in seiner Erzdiözese Buenos Aires offenlege.

Die ultrakonservativen Piusbrüder reagierten zurückhaltend. »Die Priesterbruderschaft St. Pius X. bittet Gott anlässlich der Wahl von Papst Franziskus, dem neuen Oberhirten in reichem Maß die notwendigen Gnaden zu gewähren, die für die Ausübung seiner schweren Bürde notwendig sind«, schrieb die abtrünnige Bruderschaft in einer Mitteilung. Auf die theologischen Konfliktthemen mit dem Vatikan ging sie nicht ein.

Schlussbemerkung

Ein Papst wurde gewählt, ein Mensch nahm die Wahl an. Von der ersten Minute an hat Franziskus den Menschen so viel Wärme entgegengebracht und so viel Nähe vermittelt wie kein Papst vor ihm. Genau deswegen ist er so beliebt. Aus diesem Grund gilt er als Hoffnungsträger, nicht weil man sich von ihm Lösungen in Kirchenfragen erhofft.

Darf man so einen Mann kritisch hinterfragen? Ihn, der die Distanz zwischen Volk und Vatikan in Lichtgeschwindigkeit schrumpfen ließ?

Man darf ihn nicht nur hinterfragen, man muss es. Nicht, um die neue Lichtgestalt der katholischen Kirche mit Schmutz zu bewerfen – sondern um herauszufinden, wie viel von dem, das die Menschen in ihm sehen und sich von ihm erhoffen, wirklich in Jorge Mario Bergoglio steckt. Dazu gehört auch das Kramen in den dunklen Kapiteln aus der Zeit der Militärjunta. Hier ist längst noch nicht jeder Zweifel ausgeräumt. Die Geheimtreffen mit den Generälen der Junta, der Widerspruch über sein eventuelles Wissen von dem Babyraub durch das Regime – und Bergoglios bleiernes Schweigen zu dem Thema.

Um das Verhalten des Jesuiten in jenen Tagen zumindest ein wenig verstehen und einordnen zu können, muss man sich als Erstes einmal dem Menschen Bergoglio nähern. Denn auch der erscheint deutlich komplexer, als es der freundliche ältere Herr in der weißen Soutane glauben macht.

Was aus einem Menschen wird, dafür stellen Kindheit und Jugend die Weichen. Auch etwaige Schicksalsschläge aus jener Zeit. Nun stelle man sich eine tiefgläubige Einwandererfamilie im Argentinien der Dreißigerjahre vor. Eine ganz normale Arbeiterfamilie, bis zu einem Tag, als der junge Jorge Mario gerade elf Jahre alt war. Die Mutter, eben noch gesund und präsent, liegt nach der Geburt des vierten Kindes gelähmt im Bett. Plötzlich trägt der Elfjährige Verantwortung, muss für die kleineren Geschwister sorgen, während der Vater bei der Arbeit ist.

Dann geschieht das Unerwartete, der gelähmten Mutter geht es wieder besser. Ein Wunder? Hat die Mutter nicht immer auch von der Kraft des Glaubens und den dadurch möglichen Wundern gesprochen?

Wenige Jahre später wieder ein einschneidendes Erlebnis: Jorge Mario Bergoglio liegt, gerade 21 Jahre alt, im Sterben – doch er überlebt, wenn auch gesundheitlich dauerhaft eingeschränkt. Katholisch erzogen, in einem katholischen Land aufgewachsen und schon früh mit zwei wundersamen Heilungen konfrontiert. Vielleicht waren es genau diese Abschnitte, die Bergoglio formten und ihn zu einem Geistlichen machten, der die Nähe zu Gott lebte.

Was aber macht solch ein Mensch, wenn er plötzlich mit einem Regime konfrontiert wird, dessen Gebaren so unmenschlich ist? Er sucht vermutlich Lösungen in seinem Glauben. Schließlich hat Bergoglio selbst gepredigt, dass die Schlechten, die Mörder und Diebe, ebenfalls Gottes Kinder sind. Ein Jesuitenpater, der selbst in einem grausamen Diktator etwas Gutes sehen will, es seiner Überzeugung nach sogar muss – das kann nicht gut gehen. Vor allem, wenn dieser Jesuit gleichzeitig eigentlich seine Ordensbrüder vor Verfolgung und Folter schützen muss.

Das soll etwaige Verfehlungen Bergoglios nicht entschuldigen, es geht allein um den Versuch, zu verstehen. Wer er ist und wie er dazu geworden ist, das ist ohnehin nur die eine Seite. Die andere Seite ist die Suche nach einem Muster, nach einem Hinweis, wohin er nun will. Auch dazu gibt das Leben des Jorge Mario Bergoglio Hinweise.

Papst Franziskus spricht nicht nur über die Armut; der Kampf dagegen wird sein Pontifikat beherrschen. Daran besteht kaum ein Zweifel. Für Europäer bedeutet das auch, dass sie sich von dem Denken verabschieden müssen, ihre Forderung würden unter ihm mehr Gehör finden als zu der Zeit Benedikt XVI. Papst Franziskus ist nicht der Mann, der sich für die Aufhebung des Zölibats einsetzen wird, schon gar nicht wird ein Jorge Mario Bergoglio die Rechte Homosexueller stärken.

Sein Blick ist auf die armen Länder gerichtet, er wird auf soziale Ungerechtigkeit aufmerksam machen, auf Hunger und Elend.

Vielleicht wird er aber genau dadurch auch Europa verändern. Nicht, indem er die Forderungen der im Wohlstand lebenden Bürger erhört, die Kirche in ihrem Sinne in die Zukunft zu führen. Vielmehr könnte er einer Gesellschaft die Augen öffnen, die bei aller Digitalisierung und Globalisierung Entscheidendes vergisst: Auch in Europa gibt es Armut, auch in Deutschland leben Menschen am Rande des Existenzminimums. Durch Papst Franziskus könnte das wieder stärker in das Bewusstsein der Menschen rücken.

Dann ist da noch ein weiterer Aspekt des Jorge Mario Bergoglio, über den es sich nachzudenken lohnt. Seine Vorbilder oder Inspirationsquellen – jene Personen beziehungsweise Heiligen, über die er immer wieder spricht, die er vielleicht sogar bewundert. Dazu zählt natürlich Franziskus von Assisi, der Bettelmönch, der Geld und jegliche Form von Wohlstand ablehnte. In diesen Kreis gehört aber auch Padre Alberto Hurtado, der in Chile obdachlose Kinder von der Straße holte, ihnen Essen gab und Bildungsmöglichkeiten bot. Oder Don Bosco, der sich in Italien um arme und benachteiligte Jugendliche kümmerte.

Alle drei stehen nicht nur für Armut an sich, oder den Kampf dagegen. Franz von Assisi, Alberto Hurtado und Don Bosco vereint auch die Tatsache, dass sie etwas aufbauten und ein Erbe hinterließen.

Franz von Assisi gründete den Franziskanerorden, der bis heute existiert. Hurtado baute in Chile eine Hilfsorganisation auf, die heute zu den größten des Landes zählt. Und Bosco ist der Gründer der Salesianischen Mitarbeiter Don Boscos, kurz Salesianer – einer Hilfsorganisation mit zuletzt etwa 30 000 Mitgliedern weltweit.

Sie alle haben also etwas hinterlassen, und zwar mehr als nur die Erinnerung an ihre selbstlose Arbeit. Da ist es sicher nicht weit hergeholt, dass Papst Franziskus ähnliche Gedanken hegt. Sei es, dass er selbst eine Organisation hinterlassen möchte, die dauerhaft seine Ideale vertreten wird, sei es, dass seine Hinterlassenschaft eine katholische Kirche ist, die noch lange seine Züge tragen wird.

Dass sich die Kirche unter seinem Pontifikat auf jeden Fall verändern wird, das lässt die Annäherung an die Person des Papstes stark vermuten. Zwar werden ihm Bus- und Bahnfahrten als Papst wohl unmöglich sein. Es ist aber schwer vorstellbar, dass Bergoglio sich dauerhaft mit dem Pomp abfindet, der ihm in der aktuellen Kirche überall begegnet.

Nimmt er den Kampf dagegen auf und setzt seinen Weg hin zu der von ihm so sehr gewünschten armen Kirche fort, wird er auf diesem Weg jedoch auch auf Widerstand stoßen. Schließlich zeigt das Verhalten anderer Kardinäle, dass sie Komfort und vielleicht sogar etwas Luxus als Zeichen der Anerkennung ihrer Dienste sehr wohl schätzen. Im Vatikan muss der Papst nun zeigen, ob er der reine und unverfälschte Anhänger seines Glaubens ist, oder ob er mittlerweile doch die Machtspielchen hinter den Kulissen beherrscht, vielleicht sogar der Taktiker und Puppenspieler ist, den Kritiker in ihm sehen, die sein zur Schau gestelltes einfaches Leben allein für Show halten.

Eines aber kann als sicher gelten: Papst Franziskus wird sich nicht wie Benedikt XVI. am liebsten in die Bibliotheken zurückziehen – er wird hinausgehen, und er wird überraschen.

Pressestimmen

Zur Wahl des argentinischen Kardinals Jorge Mario Bergoglio zum neuen Papst.

Der rechtsliberale Mailänder *Corriere della Sera* kommentiert:
»Das Papsttum verlässt Europa und geht nach Amerika. Das ist ein Ereignis, das die Fähigkeit zum Neuen bezeugt, die es in dem antiken Herz der Kirche von Rom noch gibt. Sie wird damit noch einmal auf die Vorbühne der Geschichte gestellt. Das Papsttum überquert den Atlantik, ausgewählt wird ein Mann des amerikanischen Subkontinents, das heißt ein Mann des Südens der Welt in einer Zeit, in der der arme Süden gerade den reichen Norden herausfordert, im Namen seiner Rechte und seiner Notwendigkeiten. Das sind die vorrangigen Signale der Wahl des argentinischen Kardinals Bergoglio zum neuen Papst.«

Die linksliberale spanische Zeitung *El País* (Madrid) schreibt:
»Die Wahl eines dialogbereiten Nichteuropäers zum neuen Papst weckt Hoffnungen auf Reformen, die die katholische Kirche benötigt. Die Spannungen innerhalb der Kirche selbst wie auch in den Beziehungen zur Außenwelt sind unübersehbar. Viele Menschen mögen von den Riten fasziniert sein, aber sie haben kaum Verständnis für die Uneinsichtigkeit und den Dogmatismus der Kirche in Fragen, die mit Sex, neuen Familienformen oder der Gleichberechtigung zu tun haben. Niemand hätte die Wahl eines Revolutionärs zum Papst erwartet. Aber die Qualitäten der Aufrichtigkeit

und der Dialogbereitschaft können für Papst Franziskus die entscheidenden Trumpfkarten sein, um die gewünschte Entwicklung einzuleiten.«

Die konservative polnische Zeitung *Rzeczpospolita* kommentiert:
»Wie wird der neue Papst sein? Trägt er die Legende vom armen Jesuiten in die Hauptstadt der Kirche? Erinnert er die Mächtigen der ganzen Welt an Armut und Reue? Lehrt er, dass Bescheidenheit eine Ehre des Reichtums ist und die Mission der Kirche, den Armen zu helfen? Wir werden ihm die Daumen drücken, denn das Ausmaß der Dinge, um die er sich kümmern muss, ist unermesslich.«

In der linksliberalen polnischen Tageszeitung *Gazeta Wyborcza* heißt es:
»Papst Franziskus I. gibt große Hoffnung. Er ist vor allem ein Geistlicher. Für den intrigengeschüttelten und von Karrierestreben geprägten Vatikan könnte Franziskus, der in Buenos Aires mit öffentlichen Verkehrsmitteln fuhr und selbst kochte, wie ein frischer Wind sein.«

Die katholische französische Zeitung *La Croix* kommentiert:
»Die Spannung hat nicht lange angehalten. (...) Die schnelle Wahl gibt dem neuen Papst die Sicherheit, das volle Vertrauen seiner Brüder zu haben. Sie haben auch Vorhersagen widerlegt, auch wenn die Person Jorge Mario Bergoglio, Erzbischof von Buenos Aires, sicher nicht unbekannt ist. Sein Name soll schon im vorigen Konklave gefallen sein. Gewählt wurde ein Nichteuropäer, ein Jesuit, ein Mann (...) mit gebrechlicher Gesundheit, bescheiden. (...) Er wird sicherlich die Kurie erneuern müssen, die durch die Vatileaks-Affäre angeschlagene Zentralregierung der Kirche. Aber vor allem wird er den gläubigen Katholiken Zuversicht geben müssen in einer mehr und mehr gottlosen Welt.«

Die belgische Zeitung *De Standaard* schreibt:
»Offensichtlich ist zu den Kardinälen durchgedrungen, dass das Ruder herumgerissen werden muss. Der erste Auftritt des neuen Papstes brachte der Welt einen ungekünstelten Mann mit einfachen Worten, einen Mann des Gebets, ohne großes Gehabe. Kein Mann der Kurie, auch wenn die Zeit das noch zeigen muss. Die Namenswahl Franziskus bietet den stärksten Anhaltspunkt für die inhaltliche Wahl, die die Kirchenführer mit Kardinal Bergoglio getroffen haben. (...) Eine Entscheidung für eine bescheidene, prophetische Vorgehensweise. Danach besteht in einer Welt, die auf der Suche nach Halt ist, große Nachfrage. Auch viele, die nicht (mehr) zur Kirche gehören, haben Respekt vor einem authentischen Katholizismus, der frei von Herrschsucht und Besserwisserei ist.«

Die *Neue Zürcher Zeitung* kommentiert:
»Mit diesem Entscheid bekennt sich die katholische Kirche endlich auch im Papstamt zu ihrer Verfasstheit als Weltkirche, trotz der immer noch herrschenden europäischen Dominanz des Kardinalskollegiums. Das ist ein wichtiger Schritt. Die Tatsache, dass Bergoglio Sohn italienischer Einwanderer ist, dürfte den Kardinälen aus Italien die Zustimmung einfacher gemacht haben. Lateinamerika, die Heimat der von Rom verfemten Befreiungstheologie, steht für eine lebendige und wachsende Kirche auf der Seite der Menschen.«

In der liberalen schwedischen Tageszeitung *Dagens Nyheter* (Stockholm) heißt es:
»Franziskus, wie er sich nennt, ist der erste lateinamerikanische Papst. Er soll ein bescheidener und asketischer Mann mit starkem Gerechtigkeitsgefühl sein. (...) Als das Bild von den Kardinälen auf dem Weg in die Sixtinische Kapelle um die Welt ging, drängte sich der Gedanke auf, dass der Katho-

lizismus dabei ist, sich selbst zu überleben. Eine Schar unverheirateter Männer im fortgeschrittenen Alter (...) steht für Tradition. Aber wo ist die Modernität? (...) Vor allem in der Balance zwischen Modernität und Tradition liegt die große Herausforderung für Franziskus.«

Die liberale Wiener Tageszeitung *Der Standard* schreibt:
»Mit der Wahl von Jorge Mario Bergoglio zum neuen Papst will die katholische Kirche ein Zeichen setzen. Es wurde erstmals kein Vertreter aus Europa, sondern aus Lateinamerika – einer Region, in der der Katholizismus noch einen wichtigen Stellenwert hat, wo jedoch Evangelikale auf dem Vormarsch sind. Aber es ist eine Weltgegend, in der die Institution Kirche noch eine Anziehungskraft hat. Es ist ein Hoffnungsgebiet für die katholische Kirche.«

In der Wiener Zeitung *Die Presse* steht:
»Die extreme Euro-Zentrierung der vergangenen Jahrhunderte hat der katholischen Kirche nicht nur gut getan. Auch wenn selbst in Südamerika die Zahl der Katholiken langsam zurückgeht: Tatsächlich ist die Kirche in vielen Teilen der Welt vitaler als in Europa, wo sie zum Teil noch immer unter den Nachwirkungen der jahrhundertealten engen Verbindung mit dem Staat leidet. (...) Die katholische Kirche erfindet sich selbst durch den Papst aus Lateinamerika nun gewissermaßen neu. Für ein weiteres Aufschieben derzeit ungelöster Fragen fehlt der Kirche, so steht anzunehmen, die Zeit. Die Wahl der Kardinäle, die Wahl von Franziskus I., ist aber geeignet, Hoffnungen zu wecken.«

Die niederländische Zeitung *De Telegraaf* kommentiert:
»Mit der Wahl des neuen Papstes Franziskus schlägt die Kirche von Rom nach Jahren des Stillstands einen neuen Weg ein. Der argentinische Kardinal Bergoglio, der gestern über-

raschend schnell aus der Mitte der 115 Kardinäle gewählt
wurde, machte mit seinem ersten öffentlichen Auftritt deutlich, dass ein neuer Wind durch den Vatikan wehen wird.
Darauf hatten Millionen Katholiken gehofft. (...) Vor allem
muss er nach den Missbrauchsskandalen und den Proble-
men im Vatikan das Vertrauen in die Kirche selbst wieder-
herstellen. Denn das wurde durch das langmütige Auftreten
verantwortlicher Kirchenführer beschädigt. Ob Franziskus
stark genug ist, die Kirche zu modernisieren, wird sich zeigen. Nach Benedikt XVI. hat Rom mit diesem neuen Papst
jedenfalls Veränderung im Blick.«

In der liberalen rumänischen Tageszeitung *Gandul* ist zu lesen:
»Wir haben im Augenblick nur vage Informationen über ihn.
Vom zentralen Balkon der Kirche des heiligen Petrus hat er
aber einen starken Eindruck hinterlassen. (...) Er hätte sogar
im obskursten Dialekt zu den Gläubigen sprechen können –
sein Tonfall und seine Gesten haben mehr gesagt als tausend
Worte. Es drängt sich das Gefühl auf, dass diesen anständi-
gen, freundlichen Menschen mit runder Brille und Humor
der Heilige Geist selbst aus dem Konklave erwählt hat.«

Quellen

http://www.welt.de/politik/ausland/article11444570/In-diesem-Oertchen-ist-fast-jeder-ein-bisschen-Papst.html

http://diepresse.com/home/politik/aussenpolitik/1376771/Auf-den-Spuren-von-Franziskus_Ein-Papst-ohne-Pomp

http://suedamerikaheute.blogspot.de/2011/05/bergoglio-soll-von-baby-raub-gewusst.html

http://www.spiegel.de/panorama/gesellschaft/der-papst-und-die-junta-ich-habe-getan-was-ich-konnte-a-888990.html

http://www.spiegel.de/panorama/gesellschaft/der-papst-und-die-junta-ich-habe-getan-was-ich-konnte-a-888990.html

http://de.radiovaticana.va/news/2013/03/13/kurzbiographie_des_neuen_papstes:_jorge_mario_bergoglio/ted-673086

http://derstandard.at/1363239029076/Bergoglio-und-die-argentinische-Militaerjunta

http://www.jesuiten.org/aktuelles/details/article/erklarung-von-pater-franz-jalics-sj.html

http://www.freitag.de/autoren/the-guardian/held-oder-helfershelfer

http://kirchensite.de/aktuelles/kirche-heute/kirche-heute-news/datum/2013/03/14nobelpreistraeger-papst-paktierte-nicht-mit-militaerdiktatur/

http://suedamerikaheute.blogspot.de/2011/05/bergoglio-soll-von-baby-raub-gewusst.html

http://derstandard.at/1363239029076/Bergoglio-und-die-argentinische-Militaerjunta

http://www.tagesschau.de/ausland/bergoglio102.html

http://www.guardian.co.uk/world/2013/mar/14/pope-francis-quiet-buenos-aires

Quellen

http://www.guardian.co.uk/world/2013/mar/13/new-pope-thirteen-key-facts

http://www.faz.net/aktuell/politik/jorge-bergoglio-jesuitischer-anwalt-der-armen-12113835.html

http://www.spiegel.de/panorama/argentinien-zur-wahl-von-franziskus-wir-haben-messi-und-den-papst-a-888745.html

http://www.spiegel.de/panorama/jorge-mario-bergoglio-papst-franziskus-a-888751.html

http://www.nydailynews.com/news/world/pope-francis-humble-affable-servant-article-1.1288163

http://www.lacapital.com.ar/ed_impresa/2010/5/edicion_563/contenidos/noticia_5701.html

http://de.radiovaticana.va/news/2013/03/14/%E2%80%9Eein_anspruchsvoller_lehrmeister%E2%80%9C/ted-673298

http://de.radiovaticana.va/news/2013/03/14/papst_franziskus_in_zitaten/ted-673294

http://www.faz.net/aktuell/sport/fussball/der-neue-papst-franziskus-ist-ein-grosser-fussballfan-12114756.html

http://www.faz.net/aktuell/politik/die-wahl-des-papstes/papst-franziskus-in-der-u-bahn-zur-macht-12115170.html

http://www.bbc.co.uk/news/world-europe-21777141

http://www.news.at/a/papst-franziskus-zehn-geheimnisse/3215878

http://www.wienerzeitung.at/meinungen/kommentare/531488_Franziskus-ist-Papst-doch-wer-ist-Jorge.html

http://www.tagesschau.de/ausland/franziskus118.html

http://www.sueddeutsche.de/panorama/nach-der-wahl-von-papst-angriff-gegen-gottes-plan-1.1623939

http://religionv1.orf.at/projekt02/news/0504/ne050418_bergoglio_fr.htm

http://www.hss.de/fileadmin/media/downloads/Berichte/130315_Argentinien_SB..pdf

http://www.hss.de/fileadmin/media/downloads/Berichte/130315_Argentinien_SB..pdf

Quellen

http://www.blickpunkt-lateinamerika.de/hintergrund/msgf/argentinien%
7Cweltweit%3A_er_ist_ein_mann_des_dialogs.html

http://www.adveniat.de/lateinamerika/laenderinformation/argentinien/
laenderportraet-brasilien00.html

http://www.cardinalrating.com/cardinal_11__article_11573.htm

http://www.hss.de/fileadmin/media/downloads/Berichte/130315_Argentinien_
SB..pdf

http://www.faz.net/aktuell/politik/kardinal-bergoglio-auf-distanz-zu-den-
maechtigen-1227508.html

http://www.welt.de/politik/ausland/article114420532/Ein-bescheidener-
Mann-auf-Ausgleich-bedacht.html

http://www.hss.de/fileadmin/media/downloads/Berichte/130315_Argentinien_
SB..pdf

http://www.30giorni.it/articoli_id_19125_l5.htm

http://www.30giorni.it/articoli_id_19124_l5.htm

http://www.argentinaindependent.com/socialissues/urbanlife/curas-villeros-/

http://diepresse.com/home/politik/aussenpolitik/1376771/Auf-den-Spuren-
von-Franziskus_Ein-Papst-ohne-Pomp

http://www.30giorni.it/articoli_id_21139_l5.htm

http://www.cardinalrating.com/cardinal_11__article_11573.htm

http://www.cardinalrating.com/cardinal_11__article_9938.htm

http://www.cardinalrating.com/cardinal_11__article_8127.htm

http://www.cardinalrating.com/cardinal_11__article_8715.htm

http://www.kas.de/argentinien/de/publications/17786/

http://www.fides.org/de/news/24044?idnews=24044&lan=deu#.UUNAaI-
70j0g

http://www.welt.de/politik/ausland/article114454163/Was-sich-die-Argentini-
er-ueber-ihren-Papst-erzaehlen.html

http://religion.orf.at/stories/2575537/

http://religion.orf.at/stories/2575623/

Quellen

http://religion.orf.at/stories/2575623/

http://www.hss.de/fileadmin/media/downloads/Berichte/130315_Argentinien_SB..pdf

http://www.zeit.de/gesellschaft/2013-03/papst-franziskus-befreiungstheologie

http://www.domradio.de/nachrichten/2011-12-17/argentiniens-beinahe-papst-kardinal-bergoglio-ist-75

http://www.welt.de/politik/ausland/article114420532/Ein-bescheidener-Mann-auf-Ausgleich-bedacht.html

http://diepresse.com/home/panorama/religion/1356594/Der-Papst-mit-der-feinen-Stimme-und-dem-Kern-aus-Stahl?_vl_backlink=/home/panorama/religion/index.do

http://www.die-tagespost.de/Im-Beichtstuhl-fing-alles-an;art456,141594

http://religion.orf.at/stories/2575623/

http://religion.orf.at/stories/2575623/

http://www.kath.net/news/40554

http://religion.orf.at/stories/2575537/

http://www.tagesschau.de/ausland/papst1688.html

http://www.tagesschau.de/ausland/papst-franziskus108.html

http://m.taz.de/!112929;m/

http://www.spiegel.de/panorama/wie-das-thema-sexueller-missbrauch-die-papstwahl-bestimmt-a-888179.html

http://blog.zdf.de/papstgefluester/

http://religion.orf.at/stories/2575623/

http://www.sueddeutsche.de/panorama/herausforderungen-fuer-den-neuen-papst-die-agenda-des-franziskus-1.1624061

http://www.ksta.de/machtwechsel-im-vatikan/vatikan-argentinier-ist-papst-franziskus,21736558,22105666.html

http://de.reuters.com/article/topNews/idDEBEE92D00F20130314

http://www.spiegel.de/panorama/gesellschaft/reaktionen-auf-papstwahl-ein-zeichen-der-staerke-lateinamerikas-a-888747.html

Quellen

http://de.radiovaticana.va/news/2013/03/14/papst_franziskus:_so_reagieren_
die_verschiedenen_kirchen/ted-673277

http://www.faz.net/aktuell/politik/die-wahl-des-papstes/papst-franziskus-in-
der-u-bahn-zur-macht-12115170.html

http://orf.at/stories/2172378/2172380/

http://www.fides.org/de/news/30940?idnews=30940&lan=deu#.UUmRr1fp-
d8E

Domradio.de: Kardinal Jorge Mario Bergoglio ist neuer Papst: Reaktionen auf
Franziskus

http://www.europeonline-magazine.eu/erwartungen-auf-den-verschieden-
kontinenten-an-papst-franziskus_270186.html

http://www.lanacion.com.ar/1563022-los-bergoglio-la-familia-mas-sorprendida

http://www.eldia.com.ar/edis/20130315/Los-Bergoglio-platenses-familia-feliz-
orgullosa-primo-Jorge-elmundo16.htm

http://www.latercera.com/noticia/mundo/2013/03/678-513790-9-la-casona-
donde-bergoglio-paso-sus-anos-en-chile.shtml

www.dradio.de/presseschau/

http://www.fides.org/de/news/30940?idnews=30940&lan=deu#.UUmRr1fp-
d8E

http://www.stern.de/politik/hupkonzert-vor-der-kathedrale-in-buenos-
aires-1983712.html

http://www.lanacion.com.ar/1562751-jorge-bergoglio-el-primer-papa-argentino

http://dossier33.com/2013/03/la-familia-bergoglio-la-primera-sorprendida/

http://www.badische-zeitung.de/freiburg/es-war-frankfurt-nicht-freiburg--
70053520.html

http://www.reuters.com/article/2013/03/14/us-pope-bergoglio-idUS-
BRE92D16J20130314

http://de.radiovaticana.va/news/2013/03/13/kurzbiographie_des_neuen_papstes:
_papst_franziskus_/ted-673086

http://www.focus.de/panorama/videos/erinnerungen-an-juan-mario-bergoglio-
diese-frau-wollte-papst-franziskus-einmal-heiraten_vid_36180.html#

http://www.bbc.co.uk/news/world-europe-21777141

Quellen

http://www.tagesanzeiger.ch/ausland/papstwahl/Mensch-Franziskus/story/26766516?dossier_id=1868

http://www.emol.com/noticias/nacional/2013/03/13/588352/fernando-montescree-inverosimiles-denucnias-de-ddhh-contra-nuevo-papa.html?utm_medium=twitter&utm_source=twitterfeed

http://www.latercera.com/noticia/mundo/2013/03/678-513790-9-la-casonadonde-bergoglio-paso-sus-anos-en-chile.shtml

http://religion.orf.at/stories/2575431/

http://www.ksta.de/machtwechsel-im-vatikan/portraet-jesuit-mit-zweifelhaftervergangenheit,21736558,22105306.html

http://www.apa.at/site/News/Topstory/Der_erste_Papst_aus_Suedamerika

http://www.tagesschau.de/ausland/bergoglio102.html

http://www.guardian.co.uk/world/2013/mar/14/pope-francis-quiet-buenosaires

http://www.guardian.co.uk/world/2013/mar/13/new-pope-thirteen-key-facts

http://www.faz.net/aktuell/politik/jorge-bergoglio-jesuitischer-anwalt-derarmen-12113835.html

http://www.spiegel.de/panorama/argentinien-zur-wahl-von-franziskus-wirhaben-messi-und-den-papst-a-888745.html

http://www.spiegel.de/panorama/jorge-mario-bergoglio-papst-franziskusa-888751.html

http://www.nydailynews.com/news/world/pope-francis-humble-affableservant-article-1.1288163

http://www.lacapital.com.ar/ed_impresa/2010/5/edicion_563/contenidos/noticia_5701.html

http://de.radiovaticana.va/news/2013/03/14/%E2%80%9Eein_anspruchsvoller_lehrmeister%E2%80%9C/ted-673298

http://de.radiovaticana.va/news/2013/03/14/papst_franziskus_in_zitaten/ted-673294

http://www.faz.net/aktuell/sport/fussball/der-neue-papst-franziskus-ist-eingrosser-fussballfan-12114756.html

Quellen

http://www.faz.net/aktuell/politik/die-wahl-des-papstes/papst-franziskus-in-der-u-bahn-zur-macht-12115170.html

http://www.bbc.co.uk/news/world-europe-21777141

http://www.news.at/a/papst-franziskus-zehn-geheimnisse/3215878

http://www.wienerzeitung.at/meinungen/kommentare/531488_Franziskus-ist-Papst-doch-wer-ist-Jorge.html

http://www.tagesschau.de/ausland/franziskus118.html

oic-oci.org: OIC Chief Congratulates the New Pope of the Vatican: An invitation for historical reconciliation between Islam and Christianity.

Ulrich W. Sahm, n-tv.de: Reaktionen aus Israel und der jüdischen Welt: Peres lädt Franziskus nach Israel ein.

El Jesuita – offizielle Biografie des Papstes von 2010, von Sergio Rubio und Francesca Ambrogetti

Papst Franziskus und die Ökumene: Ein Mensch, der fühlt, sieht und versteht – Felicitas Kock, sueddeutsche.de 15.03.2013

Horacio Verbitsky, El Silencio, 2005